바쁜 현대인들을 위한 접근 독서 & 가성비 독서

부와 성공으로 가는
징검다리 독서

부와 성공으로 가는 징검다리 독서
바쁜 현대인들을 위한 접근 독서 & 가성비 독서

초판 1쇄 발행 2025년 6월 17일

지은이 양태성
펴낸이 장길수
펴낸곳 지식과감성#
출판등록 제2012-000081호

교정 정은솔
디자인 강샛별
편집 강샛별
검수 이주희, 정윤솔
마케팅 김윤길

주소 서울시 금천구 벚꽃로298 대륭포스트타워6차 1212호
전화 070-4651-3730~4
팩스 070-4325-7006
이메일 ksbookup@naver.com
홈페이지 www.knsbookup.com

ISBN 979-11-392-2657-7(03810)
값 16,700원

- 이 책의 판권은 지은이에게 있습니다.
- 이 책 내용의 전부 또는 일부를 재사용하려면 반드시 지은이의 서면 동의를 받아야 합니다.
- 잘못된 책은 구입하신 곳에서 바꾸어 드립니다.

지식과감성#
홈페이지 바로가기

바쁜 현대인들을 위한 접근 독서 & 가성비 독서

부와 성공으로 가는
징검다리 독서

양태성 지음

한 권으로
여러 권의
책을 읽는 효과의
가성비 독서

독서 문맹인에서
독서 중독자로 가는
징검다리 독서

마음에 드는 책은
다시 구입해서
읽어 보는
징검다리 독서

사실 우리는 힘을 얻기 위해 독서해야 한다.
독서하는 자는 극도로 활기차야 한다.
책은 손 안의 한 줄기 빛이어야 한다.

- 에즈라 파운드 -
미국의 시인, 평론가

들어가며　　　　"휘발성 낮은 오프라인 북 클럽으로의 초대"

　2019년, 갑자기 저에게 희귀면역질환이 덮쳐 왔습니다. 온몸의 관절이란 관절은 다 붓고, 40도 가까이 열이 났지만, 병원에서는 정확한 병명조차도 파악하기 어려웠습니다. 나중에야 '스틸병', '강직성 척추염'이라는 병명으로 확진을 받았습니다. 아픈 몸을 이끌고 경남 진주에서 서울까지 병원에 다니며, 힘든 치료 과정을 거치면서 몸은 조금씩 회복되어 갔습니다. 그러던 중, 한번은 저혈압으로 119 구급차로 병원 응급실에 실려 가 목동맥에 긴 주삿바늘을 찔러 넣는 혈압상승술(정확한 치료용어는 모름)을 받고, 죽음의 문턱에서 다시 살아 돌아온 적도 있습니다.

　불편한 몸을 이끌고 어떻게든 살아야 한다는 일념으로 운동을 시작했고, 그러다가 오디오북을 알게 되었습니다. 매일 아침 만 보씩 걸으며, 저는 오디오북에 빠져들게 되었습니다. 그리고 감동한 책은 종이책과 전자책으로 다시 읽었습니다. 2020년 코로나로 힘든 가운

데 처음 시작한 오디오북 독서와 전자책, 종이책 독서를 벌써 햇수로 6년간을 이어 오며, 저의 독서 기록 노트에 350여 권의 책이 기록되었습니다. 일 년에 책을 한 권도 안 읽던 제가 일 년에 책을 50권 이상 읽은 것입니다.

《부와 성공으로 가는 징검다리 독서》는 책 읽기를 시작하고 싶은 분들과 바쁜 현대인들을 위한 접근 독서의 형식을 띠고 있습니다. 또한, 접근은 쉬우나 휘발성이 높은 유튜브 북 클럽 채널을 보완하기 위해 '휘발성이 낮은 오프라인 북 클럽으로의 초대'라는 모토를 지니고 있습니다. 그 밖에도 한 권으로 여러 권의 책을 읽는 가성비 있는 도서, 매일 한 권씩 읽어 보는 독서 습관 기르기 도서, 마음에 드는 책은 다시 구입해서 읽어 보는 징검다리 도서입니다.

 책을 읽다 보니 시, 소설, 수필, 자기계발서, 고전, 인문학, 철학, 경제금융, 재테크 등 분야와 상관없이 공통으로 일치되는 개념이 있다는 것이 느껴졌습니다. 그 개념을 넘나들고, 연결하며 삶의 교훈과 인생의 지표들을 발견해 보는 재미도 더했습니다. 이 책의 형식

을 간단히 소개해 드리면 다음과 같습니다. 처음에는 책 제목과 저자를 소개하고, 이어 간단한 책의 내용과 메시지를 '징검다리 독서'라는 챕터로 다루고, 그다음에는 '부와 성공으로 가는 생각'이라는 챕터를 통해 생각을 확장시켜 보고, 다른 책과 연계해 보는 좀 더 깊은 사고의 세계로 연결되게 정리해 보았습니다.

'Step by Step'으로 한 걸음씩 실생활에서 독서 습관을 잡아 가자는 의미로 장르와 내용의 분류를 따로 하지 않고, 제가 읽은 책의 순서대로 자연스럽게 기록하였습니다.

"책과 멀어지는 한국인들, 성인 10명 중 6명 '독서량 0권'"
- 2024. 4. 18. 《동아일보》 기사 제목

위 신문 기사 제목처럼 우리나라 성인 10명 중 6명은 1년에 책을 한 권도 읽지 않은 것으로 나타났습니다. 6년 전 저도 그랬던 사람입니다.

이 책이 부디 '한 권의 책으로 여러 권의 책을 읽는 효과를 가진 가성비 책', '바쁜 현대인들을 위한 접근 독서를 위한 책', '독서 문맹에서 독서 중독자로 가는 징검다리 독서를 위한 책', '마음에 와닿는 책은 종이책으로 도전해 보도록 권하는 책', '휘발성이 낮은 오프라인 북 클럽 교재로 사용하여 보고 싶은 책'이 되었으면 하는 바람입니다.

 바쁘고 고되고 힘든 우리의 삶이지만, 독서로 삶의 중심을 잡고 늘 평상심으로 회복 탄력성을 갖는, 매일매일 성장하는 여러분들 되시길 진심으로 기도드립니다. 저를 다시 살려 주신 하나님께 감사드리며, 이웃을 위해 살라는 덤으로 허락하신 시간으로 알고 더욱 노력하며 살아가겠습니다.

2025년 6월
글 쓰는 드러머
양태성

목차

들어가며　　　　　　　　　　　　　　　　　　　　　6

100권의 독서가 세상과 지식을 연결한다　　　　　　　14
넘어진 자리에서 또 넘어지지 않기 위해서　　　　　　18
내가 없어도 이어질 삶에 대해 희망을 품는 것　　　　24
당한 만큼 갚아 준다!　　　　　　　　　　　　　　　27
배로 갚아 주겠어!　　　　　　　　　　　　　　　　32
우린 잃어버린 세대입니다!　　　　　　　　　　　　35
우리가 돈이 없지, 가오가 없나　　　　　　　　　　　39
우리 자신과 가족들을 지키는 지대넓얕　　　　　　　42
인지 편향에 덜 빠질 수 있는 상대적 노력은 얕더라도 넓은 독서다　　46
세계 최초의 금속활자는 우리나라의 직지다　　　　　49
Amor Manet: 사랑은 남는다, 사랑은 지속된다　　　　53
당신에게 있어서 '을밀대'는 어디인가?　　　　　　　58
1% 차이가 미래를 결정짓는다　　　　　　　　　　　62
우리는 조작된 정보를 보고 듣고 있을 수 있다　　　　66

창호지에 바늘구멍 내고 바깥세상 엿보기	69
제니 할머니의 귀환과 60억 유산	73
이제 남편은 죽음으로써 흔들리지 않는 세계로 들어갔다	76
메멘토 모리 – 죽음을 기억하라	81
미안해! 네 잘못이 아냐	86
단짠, 감칠맛 나는 미스터리 추리소설	91
책은 똑똑한 시민이 되는 길을 안내해 주는 길라잡이이다	95
크로노스(Chronos) vs 카이로스(Kairos)	100
우리도 유튜브 채널을 한번 저질러 봅시다	103
복잡한 인간관계의 문학을 읽어야 하는 이유	106
미국 월배당 ETF 공부하기	109
당신은 당신의 삶에서 무엇을 기대했나?	114
부모, 교사, 리더들이 가슴에 새겨야 할 문신 독서	118
언어의 수준이 삶의 수준을 결정한다	122
나는 오십의 삶이 너무나 재미있다	125
맑은 정신과 최상의 성품으로 가족과 소중한 인연들을 대하는 법	129

변화하는 세상에서 변하지 않는 것을 찾아내는 지혜	135
인생에서 가장 중요한 것만 남기는 독서 비결	141
우리는 자기 삶의 경제부총리가 되어야 한다	145
포스가 함께하기를(May the force be with you)	150
농부는 씨감자를 절대 먹지 않는다	154
위기를 기회로 바꿀 수 있는 신자산가의 습관	161
열차의 꼬리 칸에 탄 사람들	166
네가 번 돈의 10분의 1을 오늘부터 지켜야 해	171
The Rich vs The Wealthy	176
미래의 나에게 빚을 지울 것인가? 미래의 나에게 투자를 할 것인가?	181
설득과 협상의 기술이 부와 성공을 이끈다	187
성공은 클루지의 한계를 인정하면서부터 시작된다	192
성장은 위대한 스승과의 만남을 통해 이루어진다	199
현대의 다빈치, 미래의 잡스가 되기 위해, 완벽주의보다는 탐색주의로	206
잘 말하는 사람이 아니라, 깊게 말하는 사람이 되어야 한다	213
내 삶의 속도는 나에게 안녕한가?	218

세상의 아픔을 가진 자들의 편한 곳, 불편한 편의점	222
인내는 참는 것이 아니라, 지금 이 순간을 진심으로 살아 내는 용기다	226
나는 오늘도 바다 앞에 서 있다	232
회복과 치유가 충만한 한국이 되길	238
이 책에서 언급한 책	246

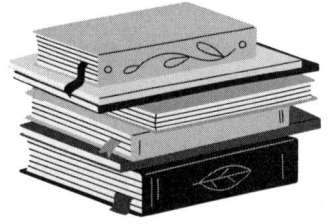

100권의 독서가 세상과 지식을 연결한다
《1등의 독서법》, 이해성

📖 징검다리 독서

　이해성 작가의 《1등의 독서법》은 세계적인 리더들의 공통점인 독서 습관을 통해 자신을 계발하고 운명을 바꾸는 방법을 제시한다. 이 책은 특히, '키워드 독서'라는 새로운 패러다임을 소개하며, 이를 통해 삶의 질을 향상하고 인생을 업그레이드하는 방법을 안내한다.
　마이크로소프트 회장인 빌 게이츠, 세계 최고의 투자자이자 버크셔 해서웨이 CEO인 워런 버핏, 소프트뱅크 회장 손정의 등 세계적인 부자들과 르네상스 시대의 천재들까지 모두 독서광이었고, 독서는 뇌의 정보처리 회로, 뇌의 배선을 바꿔 인생의 여러 갈림길에서 지혜로운 선택을 할 수 있도록 돕는다.

부와 성공으로 가는 생각

새로운 인생 경영 방법, 독서

책을 읽을 때는 그냥 마음이 끌리는 대로, 베스트셀러 위주로 책을 읽을 수도 있지만, 핵심이 되는 주요언어(keyword)를 파악하고 이를 통해 뇌에 담아 체계적으로 저장해 데이터베이스화하는 방법도 있다. 이는 사물의 본질을 파악하고 원하는 부와 성공을 효율적으로 이루기 위한 방법이다. 특히, 자신의 관심 분야나 직업에 맞는 독서를 시작하여 삶의 질을 향상시키고 인생을 한 단계 성장시키는 방법을 제시한다. 이를 위해 독서의 목적을 설정하고 관련된 도서 20~30권을 읽으며, 핵심단어를 찾아내는 것이 중요하다. 독서를 하는 중에는 핵심단어를 기록하고 메모하는 습관을 통해 지식을 체계화하고, 이를 통해 새로운 자신을 발견하며 인생을 경영하는 방법을 찾는다.

**인간들이 살아가는 무늬, 인문학을 알고,
뇌의 배선을 새롭게 하기 위한 연결 독서**

2024년 서울경제 기사에 따르면 성인의 약 50%가 1년 동안 책을 1권도 읽지 않는다고 한다. 책을 1권만 읽어도 상위 50%의 독서를 하고 있다고 볼 수 있다. 특히 성인의 독서율이 급격히 하락하고 있다. 이것은 스마트폰의 보급과 SNS의 확산과 무관치 않아 보인다. 자극적인 영상 콘텐츠와 재테크 영상에 우리의 관심이 몰리고 있는 것이다. 요즘 돈을 벌려면 돈 버는 방법을 영상으로 소개하면 돈을 많이 벌 수 있다는 말이 나올 정도이다.

0.1% 인재들과 책 - 충무공 이순신

"나는 '관觀, 찰察, 심審' 한다. 자세히 보고, 생각하며 보고, 보이지 않는 것을 보고자 했다. 《난중일기》를 쓸 때도 전체 1,641일 중 대략 30여 일을 제외하고 빠짐없이 매일의 날씨를 구체적으로 기록했다. 바다에서 전투를 하는 장수이기 때문에 …중략… 안개비, 가랑비, 조금 오는 비, 소나기, 장마, 크게 쏟아지는 비 등으로 자세히 분류해서 기록했다."

- 이순신 장군의 《난중일기》 중에서

이순신 장군의 《난중일기》의 내용을 위에 잠깐 소개했다. 일상의 하찮은 기록으로 여길 수 있는 날씨를 이순신 장군은 안개비, 가랑비, 조금 오는 비, 소나기, 장마 등 자세히 세부적으로 분류해서 기록을 하셨다. 바다에서 전투를 하는 장수이기 때문이라는 것이다. 우리는 어찌 보면, 현실이라는 바다에서 매일매일 전투를 하는 병사이자 장수들이다. 그래서 그 전쟁에서 승리하려면 '세상의 날씨'를 세부적으로 기록해야 한다. 그 '세상의 날씨', '현실의 날씨'가 무엇일까?

개그맨이자 작가이자 강연가인 고명환 씨는 고전 인문학 독서를 강조한다. 그는 교통사고를 당해 죽음의 고비를 넘기고, 독서를 통해 외식사업을 성공시켰다. 또 글쓰기를 통해 2024년 교보문구의

'올해의 작가상'까지 수상했다. 그는 인문학을 "인간들이 살아가는 무늬"라고 말한다. 문(文)이라는 한자에 '무늬'라는 의미가 들어 있다는 것이다. 인간들의 무늬를 그리고 탐구하여 글과 문장으로 기록해 놓은 것이 고전이고, 그중에서 몇백 년을 살아남아 지금까지 사람들 사이에 잊히지 않고 전해 내려오는 것이 고전이라는 것이다.

독서를 통해 우리의 고착화된 박스식 사고를 탈피하여 뇌의 배선을 새롭게 해야 빈익빈의 함정에서 탈출할 수 있는 것이다. 이제 노동만으로 성실성만으로 부자가 되기는 힘든 세상이다. 뒤떨어진 자본의 환경에서 태어난 사람은 불리한 출발선에 서서 달리기하는 선수와 같다. 왜 월가의 금융 천재들이 고전, 인문, 철학 분야 독서를 목숨을 걸고 할까? 정보와 정보를 사람들과 다른 방식으로 연결 짓고, 지식과 세상을 연결하여 사람들과 자본의 움직임을 미리 예측하기 위함이다.

이해성 작가님의 《1등의 독서법》에서는, "100권의 독서"가 지식과 세상을 연결한다고 한다. 이 책 《부와 성공으로 가는 징검다리 독서》를 통해 먼저 독서에 접근하여 서서히 습관을 들여, 관심 있는 분야의 책 20~30권을 선정하고, 핵심단어(keyword)를 기록하면서 계속 연결 짓는 연결 독서를 해 나감으로써 뇌의 배선을 새롭게 할 수 있다. **그래야 이 험한 현실의 바다를 건너갈 때 좀 더 똑똑하고 현명하게 건너갈 수 있지 않을까?**

넘어진 자리에서 또 넘어지지 않기 위해서
《강인함의 힘》, 스티브 매그니스

📖 징검다리 독서

　이 책은 전통적인 강인함(toughness)에 대한 개념을 재정의하는 책이다. 기존 옛 방식의 강인함은 고통을 참아 내고, 감정을 억누르고, 무조건 될 때까지 밀어붙이는 것이었다. 하지만 저자는 연구와 실제 경험을 바탕으로 진정한 강인함이란 단순히 참고 인내하며, 감정을 드러내지 않는 것이 아니라, 자기 인식에 기반하여 유연성과 적응력을 갖는 것에서 나온다고 주장한다.
　스포츠와 비즈니스 분야뿐만 아니라, 군대, 교육 분야 등 다양한 영역에서 강인함이 어떻게 작용하는지 탐구하며, 고통을 무조건 인내하며 이겨 내는 것이 아니라, 자신의 한계를 이해하고 이를 지혜롭게 극복하는 것이 더욱 효과적이라는 점을 강조한다. 특히, 이 책은 지속적인 성장을 원하는 사람들, 자기계발을 원하는 사람들에게 많은 인사이트를 준다.

💡 부와 성공으로 가는 생각

이번 책의 부와 성공으로 가는 생각은 2025년 초 모 출판사의 랜선 독서 모임에 참가하여 쓴 서평으로 대신하고자 한다.

《강인함의 힘》 서평

저는 2019년 자기면역 질환(스틸병, 강직성 척추염)을 앓게 된 이후로 독서에 관심을 갖게 되었고, 우연히 Studian 유튜브 채널을 보며 많은 도움을 받고 있습니다. 힘든 순간 삶의 의미와 가족의 소중함을 더욱 느꼈고 독서를 통해 자신뿐만 아니라 다른 사람에게도 선한 영향력을 끼치는 사람이 되고 싶습니다. 처음 용기 내어 참가해 보는 독서 모임인데, 부족한 서평이나마 이렇게 몇 문장 적어 봅니다.

2025년 을사년의 시작이다. 늘 우린 계획을 세우지만, 작심삼일이다. 매몰차게 뭔가를 밀어붙이지만, 시간이 지나면서 호흡이 거칠어지고 게을러지고 포기하고 싶은 생각이 든다. 하지만 이것은 이상하게 아니다. 그런 생각이 든다고 해서 우리는 나약한 존재가 아니다. 이는 우리 뇌가 자신을 보호하기 위해 방어기제를 사용하고 있음을 뜻한다. 뇌는 에너지를 반드시 남겨 놓고 싶어 하기 때문이다. 우리 뇌는 불확실성을 끔찍하게 싫어한다. 패턴화를 좋아하고 빨리 안정된 상황으로 회귀하고 싶어 한다.

강인함이란 뇌의 이런 욕구, 즉 불확실성을 빨리 끝내려는 욕구를 제어하여 자신에게 이로운 방향으로 문제를 해결하도록 하는 것이다. 이를 위해서는 마음의 여유와 평정심을 갖는 것이 필수인데, 나는 평정심이 인생을 성공적으로 살아가는 데 가장 중요한 도구라고 생각한다. 평정심을 나는 쉽게 이렇게 정의해 보았다. '커피 향 가득한 카페에서 재즈 음악을 들으며 사랑하는 사람과 맛있는 아메리카노 한 잔을 같이 마시는 것.' 물론 인생의 많은 문제들 앞에서 어떻게 이런 류의 평정심만을 부여잡고 살 수 있을까마는 그래도 노력하면 가능하지 않을까? 이런 평정심을 갖고 나아갈 수 있다면, 우리는 사랑하는 사람들에게 최상의 감정과 언어로서 그들을 대할 수 있을 것이다. 사업적으로 만나는 우리 고객분들께도 말이다.

우리가 평정심을 갖고 살아가기 위해서는 반드시 금융과 경제 공부도 꼭 해야 한다고 생각한다. 자기계발서뿐 아니라 인문, 고전, 경제 분야 서적까지 독서의 영역을 확장시킬 필요가 있다. 직장에 다니거나 사업을 하면서 경제적 에어백(일을 안 할 때에도 6개월~1년 정도의 고정 지출을 감당할 수 있는 경제적 완충 도구적 자금)이 반드시 있어야 하는 것이다. 그래야 성급하지 않을 수 있고, 이상한 상사나 갑질 손님들에게 대응할 수 있는 힘과 여유가 생긴다. 그들에게 무작정 굴복하지 않을 수 있고, 최소한 만나고 싶지 않은 사람을 안 만날 수 있다. 더 좋은 마음 상태로 사람들에게 집중할 수 있는 선순환의 구조를 만들 수 있다. 그럼 수입도 자연스럽게 늘어날 것이다.

우리는 구시대적인 강인함에서 벗어나야 한다. 그것은 가짜 자신감에게 기인하는 경우가 많은데, 가짜 자신감은 불안감에서 싹튼다. 우리나라 사람들이 유독 벤츠, BMW, 아우디와 같은 외제차를 선호하는 이유가 승차감 때문이 아니라, 하차감 때문이라는 말을 어디서 들은 적이 있다. 존중불안과 비교불안에서 오는 가짜 자신감이다. 우리는 오만함과 뻔뻔함을 자신감으로 착각할 때가 많다. 진정으로 강인한 사람은 자신의 강점과 약점을 인정할 만큼 겸손하고 지혜롭다. 자신의 못나고 부족한 점을 감추고 포장할 대상으로 보지 않고 자신을 잘 알고 배울 점을 찾을 기회로 삼을 수 있다. 즉, 강인함의 힘은 곧 겸손의 힘이요, 또한 유연함의 힘이다.

"우리는 강인한 길을 선택할 것인가? 손쉬운 길을 선택할 것인가?"

인생에서 강인함이 필요한 순간은 편안한 순간이 아니다. 일이 잘 될 때가 아니다. 느긋하고 순탄한 때가 아닌 것이다. 우리에게 강인함이 필요한 순간은 나에게 위협이 되는 뭔가를 만났을 때이다. 그것이 사람이든, 멧돼지든…. 그곳은 나의 안전지대를 벗어나는 순간이고 그 맥점을 통과하는 순간이고 불확실성이 극에 달하는 순간이다. 그 순간이 우리에게 진정 강인함이 절실한 순간이다. 그런데 문제는 그때 사람들에게는 종결욕구가 생기고, 고정관념으로 회귀하고 싶어지고, 그로 인해 성급한 결론을 내린다. 물론 그렇게 내린 결론은 늘 자신이 이전에도 멈췄던(넘어졌던) 그 순간에 내린 결론이어서 좋지 않은 경우가 많다. 자신이 넘어졌던 그 지점에서 또 넘어지는 것이다.

강인함은 어떤 자극이 왔을 때 바로 반응하지 않고 자극과 반응 사이에 공간을 두는 것이다. 바로 편도체 반응을 하지 않고, 전전두엽을 활성화하는 것이다. 유연함과 겸손함을 통해 나를 이기고 성장시키는 행위가 곧 강인함이다. 바로 안티프래질한 행동인 것이다. 미래의 나(퓨처 셀프)에게 빚을 지우고 부담을 지우는 행위가 아니라, 미래의 나에게 투자하고 복리를 선물하는 행위인 것이다.

요즘같이 치열하고 경쟁이 심한 자본주의 사회에서 살아가다 보면, 현재 자신이 하는 일에 인생의 승패가 걸려 있다고 생각하는 경우가 많다. 이런 흑백논리적인 가치관 때문에 우리는 현재에 매몰되고 시야가 좁아진다. 그래서 번아웃도 쉽게 온다.

홀로코스트 생존자 빅터 프랭클 교수의 책 《죽음의 수용소에서》를 보면, 수용소에서 삶의 의미를 잃은 유태인들은 동료 수감자들의 주검을 봐도 더는 슬퍼하거나 놀라지 않게 된다. 그 소식이 시시하기 때문이 아니라, 내면세계가 얼어붙었기 때문이다. 느낌과 감정이 사라지고 대신 외부 자극에 아무 반응을 보이지 않는 방어기제가 작동했다. 수감자들의 내면의 삶은 수용소에서 유일하게 중요했던 식량을 중심으로 작동했다. 현대인들은 많은 강박장애를 겪는다. 강박장애는 자극과 반응, 생각과 행동 사이에 공간이 없고, 그 사이가 너무 단단히 결속되어 있어서 온다. 현대인들은 수용소 안의 유대인 수감자처럼 다른 외부자극에 반응을 보이지 않고, 식량 곧 성공과 돈에 자동 반응 하는 수감자 같은 내면의 삶을 사는 경우가 많다.

우리 다시 한번 크게 소리 내어 두 번만 더 읽자.

"자극에 바로 반응하지 않고, 그 사이에 공간을 만들어 최선의 반응을 선택하는 것이 강인함이다."

나아갈 때와 서야 될 때를 아는 것, 그것이 바로 강인함이고 겸손함이고 유연함이다. 자신을 믿고 독서의 힘을 믿자.

2019. 9. 18.
희귀성 자가면역질환 스틸병과 강직성 척추염으로 서울 H 병원에 입원했을 때

내가 없어도 이어질 삶에 대해 희망을 품는 것
《숨결이 바람 될 때》, 폴 칼라니티

📖 징검다리 독서

　이 책은 문학을 사랑했던 폴 칼라니티라는 젊은 신경외과 의사가 자신의 폐암 투병 과정을 담담하게 기록한 자서전이다. 그는 30대 후반에 촉망받는 신경외과 의사로서의 삶을 살아가던 중, 폐암 말기 판정을 받는다. 책은 그의 어린 시절로부터 의사가 되기까지의 과정, 의료계 생활을 하면서 겪게 된 환자들과의 관계, 그리고 병세가 악화되면서 죽음을 마주하면서의 그의 철학적 성찰을 담아 가는 과정을 그린다.

부와 성공으로 가는 생각

사랑의 기억으로 인한 안심과 온전한 맡김의 숨결

　이 책을 읽었을 당시가 나의 독서 정체기였던 것으로 기억된다. 책이 손에 안 잡히고, 그 책이 그 책 같고, 어떤 책을 읽어야 할지 많이 고민하던 시기에 이 책을 읽게 되었다. 나의 독서 기록에 '읽으며 참 많이 울었던 책'이라고 기록이 되어 있었다.

　폴 칼라니티는 의사였음에도 큰 병이 걸렸고, 남은 삶의 시간 동안 그의 아내와 함께 아이를 가지기로 어려운 결정을 한다. 마침내 귀한 딸이 태어났고, 폴 칼라니티의 병세가 악화됨에도 불구하고 그녀는 쑥쑥 성장했다. 어린 딸을 남겨 두고 그 곁을 떠나야 하는 그 마음이 어땠을지 생각해 보면 가슴이 저린다.

　나는 저혈압 쇼크 증상으로 119 구급차를 타고 병원 응급실에 실려 간 적이 있다. 의사에게 "위험해질 수 있으니 준비하라."라는 말을 들었다. 그때 기분이 참 이상했던 것 같다. 'TV 드라마나 영화에서나 보았던 죽음의 장면이 나의 얘기가 될 줄이야.' 잊히는 게 허무했다. 두려웠다. 애들이 클 때까지 못 지켜 주는 게 너무 미안했다. 그래서였는지 이 책의 이야기가 너무나 슬프게 가슴 깊숙이 다가왔다. 특히, 어린아이를 두고 떠나야 하는 아버지의 마음이 그랬다. 사람이 죽기 직전 마지막에 쉬는 숨은 들숨일까? 날숨일까? 다들 아시겠지만, 답은 날숨이다. 그 마지막 날숨의 숨결이 바람이 된다는 건 참 슬플 것 같다. 그때 우리는 어떤 존재로 기억이 될까? 이런 말을 들은 적이 있다.

"사람이 태어날 때 나는 울고 주위 사람들은 웃지만, 세상을 떠날 때는 나는 웃고 주위 사람들이 울게 해야 한다."

우리는 죽음을 피할 수 없다. 하지만 대부분 그 사실을 애써 외면하고 살아간다. 죽음을 인식하면 오히려 삶을 더 의미 있게 살 수 있다. 죽음을 앞둔 순간에도 글을 쓰며, 삶의 흔적을 남기고자 했던 폴 칼라니티를 보며 의미 있는 삶은 돈이나 성공이 아니라 타인과의 관계, 영향력, 자아실현에서 오는 것일 수도 있겠다는 생각을 해 보았다. 인간은 살아가면서 여러 가지 역할을 가지지만, 환경이 바뀌면 그 역할이 무너질 수 있다. 폴은 '의사'에서 '환자'로, '치료하는 사람'에서 '치료받는 사람'으로 정체성이 변화되었다. 자신의 정체성을 직업이나 사회적 지위에 의존하는 것이 얼마나 불안정한 것인지 깨닫는다. 우리의 정체성을 결정하는 것이 직업인지, 자신이 하는 행동인지, 혹은 그 이상의 무엇인지 생각해 볼 문제이다.

내가 없어도 이어질 삶에 대해 희망을 품는 것. 결국 유한적 존재의 인위적인 유보보다 사랑이다. 사랑을 남기는 것이다. 희생의 흔적을 남기는 것이다. **나의 마지막 숨결이 남겨질 사람들에 대한 걱정보다는 사랑의 기억으로 인한 안심과 온전한 맡김의 숨결이 될 때 우리는 진정 자유로운 바람이 되어 떠날 수 있다.**

당한 만큼 갚아 준다!
《한자와 나오키 1: 당한 만큼 갚아 준다》, 이케이도 준

> 📖 징검다리 독서

　한자와 나오키는 도쿄 중앙은행 오사카 서부지점의 대출 담당 과장이다. 그는 평소 철저한 리스크 관리(대출 업무에서 가장 중요한 부분)로 신중하게 업무를 수행하지만, 지점장의 압박으로 인해 서부 스틸이라는 중견 철강 회사에 5억 엔을 대출해 준다. 그러나 얼마 지나지 않아 서부 스틸이 부도가 나면서 은행이 거액의 손실을 떠안게 된다. 은행 본사는 이 사태에 대한 책임을 한자와에게 전가하려 하며, 특히 본점 임원인 아사노 지점장은 자신이 책임을 피하기 위해 한자와를 희생양으로 삼으려 한다. 그러나 한자와는 가만히 당하지 않고, 은행과 서부 스틸 간의 의심스러운 거래 내역을 조사하면서 기업 부정과 내부 비리의 정황을 포착한다.
　한자와는 집요한 추적 끝에 서부 스틸의 사장이 은행과 결탁해 대출금을 빼돌린 것을 밝혀내고, 이를 바탕으로 본점과 협상에 나선다. 그는 자신에게 뒤집어씌운 부당한 책임을 되돌려주고, 배신한 상사들에게 통쾌한 복수를 한다. 그의 대표적인 대사는 "당한 만큼 갚아 준다!"로 부정을 저지른 자들에게 반드시 보복하겠다는 강한 의지를 나타낸다.

부와 성공으로 가는 생각

타인은 속일 수 있어도, 자신은 속일 수 없다, 양심

[우리금융 대출비리] 손태승 친인척 부당대출 730억…
금감원 "5개월 미보고, 檢수사 지연"

"손태승 전 우리금융 회장의 친인척 대출 금액 총 730억원이 부당한 방법으로 빠져나간 것으로 드러났다. 금융감독원 현장검사 결과 손 전 회장과 관련 건수를 포함해 우리은행에서만 101건의 부당대출이 확인됐고, 해당 금액은 2334억에 달했다. 이어 KB국민은행은 892억 원·291건, NH농협은행은 649억 원·90건 순으로 파악됐다."

- 2025. 02. 04.《BLOTER》기사 중에서

은행들의 부정, 불법 대출사건은 심심찮게 TV와 신문을 장식한다. 자본주의에서 화폐를 찍어 내고 유통하는 힘을 가진 금융권과 권력 간의 유대는 늘 있어 왔다. 은행 내부 직원들이 개인적 이익을 위해 부정 대출을 승인하거나 부당한 이익을 취하는 경우가 많다. 특히, 경영진이 단기 성과를 우선시하는 문화가 강할수록 이런 사건이 발생할 가능성이 높아진다. 강력한 규제 및 감시 시스템을 도입하고 규제해야 할 규제당국마저 금융기관과 유착한다면 실질적인 개혁은 먼 나라 얘기가 될 수 있다. 은행이 신뢰할 수 있는 기관이라는 인식이 있지만, 이런 반복적인 부정, 불법 대출사건들을 보면 무조건적인 신뢰는 위험하다고 여겨질 수 있다. 한마디로 이것은 도덕적 해이(Moral Hazard)의 문제이다.

예대마진(예금과 대출의 이자 차이의 이익)을 통해 사업을 영위해 가는 은행은 10%의 지급준비금만 있으면 법적으로 나머지 예금은 대출이 가능하다. 은행이 돈을 빌려주어야 나라 경제가 활성화가 되고, 돈맥 경화가 일어나지 않는다. 하지만 여기엔 분명히 역기능도 존재한다. 위 기사와 같은 불법대출도 문제이고, 화폐량이 기하급수적으로 계속해서 늘어난다는 것이다. 은행, 기업, 정치인들은 중앙은행(한국은행)이 발행한 가장 최초의 돈의 혜택을 먼저 받는다. 물가가 오르기 전에 낮은 금리로 제일 먼저 자산을 구입할 수 있는 것이다. 반면에 대출이 제한적이고, 대출의 끝자락에 임금 노동자들은 돈이 돌고 돌아 물가가 다 오르고 난 뒤에야 그 돈을 만지게 된다. 그래서 '돈을 벌긴 버는데 왜 항상 가난하지?'라고 생각하는 것이다.

이러한 관점에서 이런 은행의 불법대출은 너무 큰 범죄이다. 그렇기에 부정과 비리에 굴복하지 않고 "당한 대로 갚아 주는" 주인공 한자와 나오키의 모습에서 카타르시스를 느끼는 것이 아닐까?

근래 최재천 교수님의 《양심》이라는 책이 출판되어 소개하는 TV 프로그램을 본 적이 있다. 최 교수님은 "다른 사람은 속일 수 있어도, 자기 자신은 속일 수 없다."라는 말씀을 하셨다. **양심 없는 사람들이 양심 있는 사람보다 잘 사는 세상을 보면, 누가 양심을 추구하**

며 살아가겠는가? 양심 있는 자가 잘 사는 세상이 우리나라가 되었으면 좋겠다.

배로 갚아 주겠어!
《한자와 나오키 2: 복수는 버티는 자의 것이다》, 이케이도 준

📖 **징검다리 독서**

이번 작품에서도 주인공 한자와 나오키는 거대한 은행 조직의 부조리함에 맞서 싸운다. 그는 전작에서 5억 엔(한화 약 50억) 대출 손실 사건을 해결한 후, 이번에는 도쿄중앙은행 본점으로 이동해 새로운 사건에 휘말린다. 정부가 주도하는 거대한 프로젝트 '도쿄 스카이 리조트'에 은행이 거액을 대출하는 과정에서 부정이 개입되어 있고, 한자와는 이를 파헤치려 한다. 하지만 그가 맞서야 할 대상은 더욱 강력하다. 정치권, 은행 고위층, 심지어 내부 동료들까지 그를 방해하며 진실을 묻으려 한다.

이번 작품에서는 단순한 '응징'이 아니라 "버티는 것"이 진정한 승리의 열쇠라는 점을 강조한다. 즉, 상대를 단번에 무너뜨리는 것이 아니라 시간을 들여서라도 끝까지 견디고 맞서는 것이 중요하다는 메시지를 던진다.

부와 성공으로 가는 생각

분노보다는 평상심으로, 장기적인 전략과 버팀으로

　《삼국지》를 보면 제갈량이 위나라를 치기 위해 유비의 아들 유선에게 출사표를 던지고, 인생에서 마지막이 될 수 있는 북벌을 감행한다. 모두가 알다시피 《삼국지》의 최후의 승자는 유비, 조조, 손권도 아닌 사마의라는 인물이다. 이 전투에서 제갈량은 싸우지도 않고 버티기만 하는 사마의를 조롱하기 위해 여자 옷을 그에게 보낸다. 그때 당시 중국에서 여자 옷을 남자가 입는다는 것은 꽤 수치스러운 일이었을 것이다. 하지만 사마의는 부하 장수들의 만류에도 아무렇지 않게 그의 부하들과 제갈량이 보낸 책사 양의 앞에서 여자 옷을 입는다. 그리고 제갈량에게 감사를 전해 달라고 양의에게 얘기한다. 자신의 신념과 전략이 뚜렷했기에 그런 수치스러움쯤은 아무것도 아니었던 것이다. '장기적인 전략과 버팀'이다. 그 결과 사마의는 최고의 전략가 제갈량과의 전투에서 승리하고 손자인 사마염에게 진나라를 세우는 계기를 마련해 준다. 그것이 사마의에게는 최고의 전략이자 복수였던 것이다.

　우리가 읽는 《삼국지》는 보통 진수가 쓴 《정사 삼국지》가 아니라, 나관중이 쓴 《삼국지연의》이다. 그래서 《삼국지연의》는 기본적으로 유비가 주인공이라 조조나 사마의 등은 나쁘게 묘사되는 부분이 많은데, 나는 《삼국지》에서 사마의를 가장 좋아한다. 그 이유는 칼이 중요하기에 칼보다는 칼집을 더 단련했던 그의 지략과 조조 밑에서

긴 세월을 견뎌 낸 그의 인내심 때문이며, 단칼에 조정을 탈환했던, 이겨 놓고 싸우는 그의 전략과 전술 때문이다.

이 책에서 한자와 나오키는 단순히 개인적인 복수를 위해 싸우는 것이 아니다. 그의 목표는 부조리한 시스템을 깨고, 정의를 지키는 것이다. 하지만 현실은 녹록지 않다. 조직 속에서 혼자만 정의로울 수는 없다. 그래서 그는 싸우되, 버티면서 이길 타이밍을 기다린다. 단기적이기보다 장기적으로, 분노보다는 평상심으로 이겨 놓고 싸움을 한 것이다. 《삼국지》의 최후 승자인 사마의와 비슷한 마인드이다.

"나는 내 자리에서 끝까지 버티고 있는가?"라는 질문을 스스로에게 던져 보길 바란다. 정의롭지 않은 현실에 지쳐 가는 사람이라면, 이 책 주인공과 사마의의 끈질긴 신념을 통해 다시 한번 힘을 낼 수 있길 바란다. **강한 자가 이기는 것이 아니라, 살아남는 자가 이기는 것이다.**

우린 잃어버린 세대입니다!
《한자와 나오키 3: 잃어버린 세대의 역습》, 이케이도 준

📖 징검다리 독서

　《한자와 나오키 3: 잃어버린 세대의 역습》은 주인공 한자와 나오키가 도쿄센트럴증권으로 파견되어 IT 기업 간의 인수합병(M&A) 사건에 맞서는 이야기를 담고 있다. 이야기는 IT 기업 '전뇌 잡기 집단'이 도쿄센트럴증권에 '도쿄 스파이럴' 인수를 위한 M&A 자문을 의뢰하면서 시작된다. 그러나 전뇌는 갑작스럽게 자문사를 도쿄중앙은행의 증권영업부로 변경하고, 이는 모회사인 도쿄중앙은행이 압력을 가했기 때문으로 밝혀진다. 이에 한자와는 도쿄센트럴증권과 도쿄중앙은행 증권영업부 간의 경쟁에서 도쿄 스파이럴을 지키기 위해 노력한다.
　이번 작품에서는 '잃어버린 세대'로 불리는 인물들이 부각된다. 한자와의 부하 직원인 모리야마는 취업난과 불황 속에서 사회에 진출한 '잃어버린 세대'를 대표하는 인물로, 윗세대의 부조리와 무능에 대한 불만을 품고 있다. 작가는 이러한 세대를 통해 사회의 변화를 이끌어 낼 수 있는 가능성을 제시하며, 비판을 넘어 새로운 비전을 보여 줄 것을 강조한다. 《한자와 나오키 3》은 부조리한 조직과 사회에 맞서는 주인공의 통쾌한 복수극을 통해 독자들에게 카타르시스를 선사하며, 동시에 세대 간의 갈등과 사회적 문제에 대한 깊은 통찰을 제공한다.

부와 성공으로 가는 생각

우리가 일본에게 타산지석으로 삼아야 할 것

　1980년대 후반부터 1990년대 초까지 일본에서 일어난 자산 가격 상승과 호황, 그리고 그에 따라 부수적으로 발생한 사회 현상을 일본의 거품경제 시기라고 한다. 그 후 1990년대부터 거품이 꺼지면서 시작된 일본의 불황기. '잃어버린 20년'의 시작이었다. 그 시기에 대학을 졸업하고 사회로 진출했지만 안정된 직장을 갖지 못한 세대가 바로 '잃어버린 세대'이다. 그들은 엄청난 노력과 자기개발을 통해 바늘구멍 같은 취업의 문을 통과했지만, 막상 입사해 보니 거품경제 시절 실력 없는 사람들이 책임자로서 따박따박 월급을 받으며 자리를 지키고 있는 모습을 지켜보게 된다.

　잃어버린 세대들은 무엇을 잃어버린 걸까? 희망, 안정, 돈, 경제력, 결혼, 출산, 미래? 누가, 무엇이 이런 세대를 만든 것일까? 불안의 시대를 살고 있는 지금 한국의 MZ 세대 젊은이들은 무엇을 꿈꾸며 무엇을 위해 살아갈 것인가?

　우리는 보통 큰 것, 강한 것, 안정된 것을 좋아한다. 강한 자들이 자본과 돈을 독식하는 세상이다. 5%의 부자들이 부의 50% 이상을 차지하고 있다. 빈부격차는 더욱 벌어지고 있다. 올바른 곳에, 부지런한 곳에, 개혁과 변화의 멋진 시도가 있는 곳에, 희망이 있는 곳에, 꿈꾸는 사람들이 많은 곳에, 가장 효용성 있게 자본이 투자되어야 한다.

　높은 자살률, 부동산에만 몰리는 유동성, AI 개발과 지원 부족, RND 지원 축소, 출산율 최저국가, 중국의 반도체 굴기 등. 우리나라 미래가 두려워진다. 우리도 일본의 잃어버린 시기를 겪지 않으리란 보장은 없다. 우리나라의 미래도 일본의 모습을 철저히 타산지석으로 삼아야 한다. 아닐 거라 믿고 싶지만 미리 대비해야 한다.

우리가 돈이 없지, 가오가 없나
《한자와 나오키 4: 이카로스 최후의 도약》, 이케이도 준

> 📖 징검다리 독서

《한자와 나오키 4: 이카로스 최후의 도약》은 은행과 금융 업계의 경험을 가지고 있는 일본의 작가 이케이도 준의 소설로 금융계의 부조리에 맞서는 은행원 한자와 나오키의 활약을 그린 시리즈의 마지막 작품이다. 주요 등장인물로는 한자와 나오키(도쿄 중앙은행 영업 2부 차장으로 원칙을 중시하며 부조리에 굴하지 않는 인물), 시라이 아키코(신임 국토교통성 대신으로, TK항공 재건 과정에서 한자와 대립하는 인물), 노하라 쇼타(기업 회생 전문 변호사로, TK항공 재건 태스크포스의 주축 인물)이다.

도쿄 중앙은행 본사로 복귀한 한자와 나오키는 은행장의 지시로 경영 위기에 처한 TK항공의 재건 계획을 맡게 된다. 그는 강도 높은 구조조정안을 제시하지만, 정부 지원만을 기대하는 TK항공 경영진의 반발에 부딪친다. 총선 후 정권이 교체되면서 신임 국토교통성 대신 시라이 아키코는 한자와의 재건안을 백지화하고, 기업 회생 전문 변호사 노하라 쇼타를 중심으로 새로운 태스크포스를 구성한다. 이들은 은행들에게 TK항공의 채권 포기를 요구하지만, 한자와는 이를 거부하며 은행 내부의 파벌 싸움과 정치권의 압력에 맞서 TK항공의 재건을 위해 노력한다.

💡 부와 성공으로 가는 생각

쉬운 일에는 가치가 없고, 어려운 일에 가치가 있다

사람의 행동이 겹쳐지고 겹쳐져 믿음이 되고, 그 믿음이 쌓이고 쌓여 신념이 되고 행동이 된다. 세상엔 수많은 권력과 그 권력의 카르텔, 그것을 지키기 위한 정경유착이 있다. 수많은 역사적 사건들은 인간의 돈 욕심과 정치 욕심으로 귀결되는 경우가 많다. 요즘 '도이치 모터스 주가조작', '우크라이나 재건주 삼부토건 MOU 체결과 주가조작' 등의 내용이 심심찮게 보도되었다. 소설을 읽다 보면 여러 사건이 일어나는데, 그 사건들은 왠지 현실에서 본 적이 있는 내용들인 듯 익숙하다.

2015년 최고의 화제작인 류승완 감독의 영화 〈베테랑〉에서 황정민이 맡은 형사 '서도철'이 이런 대사를 한다.

"우리가 돈이 없지, 가오가 없나."

우리 주위에는 돈의 유혹보다는 신념을 지키며 살아가는 평범한 사람들이 많다. 비교가 만연된 세상, 불안이 가득한 세상, 돈이 주인인 자본주의 세상. 우리는 부자가 되고 싶다. 하지만, 다른 사람들에게 피해를 주면서 부자가 되긴 싫다. 다른 사람에게 도움이 되면서 부자가 되고 싶다. 그것이 우리의 신념이 되었으면 좋겠다. 그것이 대한민국의 가치가 되면 좋겠다.

우리 자신과 가족들을 지키는 지대넓얕
《지적 대화를 위한 넓고 얕은 지식 1》, 채사장

📖 징검다리 독서

《지적 대화를 위한 넓고 얕은 지식 1》은 철학, 역사, 경제, 정치, 과학 등 다양한 분야의 기초 개념을 쉽게 설명해 주는 교양서이다. 저자 채사장은 엄청난 독서광으로 '지대넓얕'을 통해 복잡한 개념을 일상적인 언어로 풀어 내어, 독자들이 지적 대화를 할 수 있도록 돕는다. 특히 이 책은 인문학의 대중화에 크게 기여하였다.

세상을 이해하려면 역사, 경제, 정치, 사회, 윤리를 함께 알아야 한다. 왜냐하면 세상은 한 가지 분야로 사고되지 않고 모든 분야가 복잡하게 연계되어 있기 때문이다. 그래서 우리에게는 세상을 한 가지 시각이 아닌 여러 관점으로 균형 있게 바라보는 태도가 필수적이다. 지식을 넓고 얕게 이해하는 것만으로도 지적 대화를 나누는 데 많은 도움이 된다. 이 책은 어렵게 느껴지는 사회과학 지식을 쉽게 설명하며, 다양한 분야를 접하고 싶은 독자들에게 좋은 입문서가 된다.

부와 성공으로 가는 생각

철학-정치-경제-삶의 연쇄 구조

저자는 지식은 암기하는 것이 아니라, 개인 사고의 틀을 확장시키는 수단이라는 점을 강조한다. 이 책의 각 챕터는 별개의 지식처럼 보이지만 실제로는 긴밀하게 서로 연결되어 있다. 역사 속의 철학은 정치체제의 토대가 되고, 경제정책은 정치구조에 따라 달라지며 결국 개인의 사회적 위치와 삶에 영향을 미친다. 이처럼 철학은 생각의 틀을 만들고, 그것이 정치와 경제 시스템으로 구체화되며, 결국 개인의 삶에까지 실질적인 영향을 미친다. 이 연쇄적인 구조를 이해하는 것이 '지대넓얕'의 핵심 관점 중 하나이다. 한국 현대사 속에서도 이 연쇄적인 "역사 속의 철학 → 정치 체제 → 경제 정책 → 개인의 삶" 구조를 찾아 분석해 볼 수 있다.

1948년 8·15 광복 이후 대한민국의 철학적 분위기는 민족자결주의(한 민족이 타 국가의 간섭을 받지 않고 자신의 정치적 운명을 스스로 결정하는 권리를 실현하려는 사상), 반공주의, 산업화 중심의 국가주의로 요약될 수 있다. 특히 박정희 시대에는 "국가가 강해야 국민이 산다."라는 전체주의적 국가주의가 주된 신념이었다. 그리하여, 박정희 정권은 1972년 유신헌법을 통해 입법, 사법, 행정을 장악해 사실상 독재체제를 확립했다. 정당과 언론, 시민운동 등을 봉쇄하고, '안보'를 명분으로 자신들을 비판하는 세력들을 억압했다. 하지만, 동시에 정치권력을 이용해 경제개발 5개년 계획 등 강력한 국가 주도의 경제정책을 추진했다(그 당시에는 정치가 경제 우위에 있으면서, 재벌들을 지배했다). 정부는 특정 기업에 금융, 토지, 면세 등 특혜를 집중해 주면서 삼성, 현대, LG, SK 등의 재벌 육성 전략을 썼다. 이로 인해 경제 성장률은 급상승했지만, 중소기업 및 노동자에 대한 분배는 많이 미흡해짐으로 부익부 빈익빈 구조와 경제권력 집중 현상이 고착화되었다(이때부터는 경제권력이 정치권력 우위에 있게 되었다). 이 같은 경제정책으로 장시간 노동, 저임금 문제, 산업재해에 대한 사회안전망이 부족하게 되었고, 노동운동은 '빨갱이'로 탄압을 받았다. 그러다 80~90년대 이후 수출 호황과 부동산 가격 상승으로 인해 일부 계층은 중산층으로 편입되었지만, 계층 간의 격차는 더욱더 벌어졌다. 오늘날 한국 사회는 재벌 중심 구조로 고용이 불안정하고, 특히 청년층의 계층 상승이 어려움을 겪고 있다. 이렇게 현실 대한민국에 나타나고 있는 사회현상은 철학-정치-경제 연결고리의 결과라고 할 수 있다.

모든 것은 이유가 있고, 연결되어 있다

　세상은 복잡계의 영역이다. 우리는 누군가가 만들어 놓은 매트릭스 속에서 살아간다. 코로나19가 발생하고 우리나라에는 '동학개미운동'이라 하여 주식 붐이 일어났다. 그로 인해 주식이나 재테크에 관심을 갖게 된 사람들이 많이 생겼고, 경제 공부에 진심인 사람들이 많다. 나도 경제, 주식 관련 서적과 유튜브 영상을 많이 보고, 매일 아침 신문을 간추려 읽어 주는 유튜브 채널을 구독 중이다.

그런데 경제를 공부하다 보면 그 확장성이 무궁무진해진다. 정치도 알아야 되고, 지리도 알아야 되고, 역사도 알아야 되고, 전쟁의 배경과 이유도 알아야 되고, 반도체도 알아야 되고, 자율주행에 대해 알아야 되고 등등······. 이것도 알아야 되고, 저것도 알아야 되고······. 꼬리에 꼬리를 무는 지식의 퍼레이드에 때로 머리가 아플 지경이지만, 재미있을 때가 더 많다.

독서를 이어 가다 보면, 문득 이런 깨달음이 들 때가 있다. '모든 것은 이유가 있고, 연결되어 있구나.'라고 말이다. '세상이 왜 이러냐?', '왜 이런 문제가 발생할까?'라고 불평하기 전에 우리는 얕은 지식이라 할지라도 역사, 경제, 정치, 사회, 윤리 분야에 대해 넓게 알아야 된다. 그래야 우리 자신을 지킬 수 있고, 우리 가족을 지킬 수 있지 않을까?

인지 편향에 덜 빠질 수 있는 상대적 노력은 얕더라도 넓은 독서다

《지적 대화를 위한 넓고 얕은 지식 2》, 채사장

📖 징검다리 독서

  채사장의 《지적 대화를 위한 넓고 얕은 지식 2》는 1권에 이어 철학, 과학, 예술, 종교 등을 탐구하며, 인간이 세계를 이해하는 방식을 설명하는 책이다. 이 책은 인간의 세계관 형성과 흐름을 중심으로 우리가 현실을 바라보는 다양한 관점을 살펴본다.
  우리가 가진 세계관이 어떻게 형성되었는지를 알면, 다양한 관점을 수용하는 열린 사고를 할 수 있다. 과학적 사고와 철학적 사고, 예술과 종교는 모두 세계를 이해하는 방법이며, 우리에게는 균형 잡힌 사고가 필요하다. 현대 사회에서 정보는 넘쳐 나지만, 그것을 어떻게 조합하고 해석하느냐가 중요하다. 또한, 너무 깊이 빠지지 않으면서도 전체적인 흐름을 이해하는 것이 의미 있는 대화를 가능하게 한다.

💡 부와 성공으로 가는 생각

인지편향을 이길 힘, 메타 인지력

　마이클 루셀의 《놀라움의 힘》이라는 책에 보면, "인간의 편향은 직립보행과 같다."라는 구절이 나온다. 인간이 동물처럼 네 발로 걸을 수 없듯이 인간에게 편향은 거부할 수 없는 당연한 일이라는 것이다. 인간이란 자신이 옳다고 믿는 것만 믿고, 자기가 모르는 것을 모른다. 그래서 이런 세상에서 꼭 필요한 것은 메타 인지력이다. 아는 것을 안다고 자신감 있게 말할 줄도 알아야 하지만, 자기가 모르고 있다는 사실을 정확히 알고 받아들일 줄 아는 겸손함과 유연함이 필요하다. 인간의 인지 편향적 특성이 SNS와 유튜브를 만나면서, 스마트폰이나 인터넷의 이용이 생활화된 현대 사회에서는 이런 편향이 극으로 치닫는다. 정치적, 사회적 갈등도 그 수위가 높아져 가고 있다. 정치인들에게는 어쩌면 이런 인간의 편향을 이용하여 갈등을 유발하는 것이 어쩌면 표를 얻기에 더 유리할 수도 있다. AI 알고리즘에 기반한 영상의 지속적 노출과 기업들의 홍보 마케팅 전략도 이런 인간의 인지 편향 심리본능을 수단화한 것이라 할 수 있다.

　편향이 판치는 세상, 갈등을 고의적으로 부추기는 정치 세력들, 알고리즘을 통해 관심 있고 자신의 기호에 맞는 것만 추천하는 기업들의 마케팅 전성시대, 이런 시대에 우리에겐 더욱 균형 잡힌 사고와 시각이 필요하다.

얕더라도 넓은 지식을 갖도록 하는 것이 편향에 조금이라도 덜 빠질 수 있는 상대적 노력이라 할 수 있겠다.

세계 최초의 금속활자는 우리나라의 직지다
《직지: 아모르 마네트 1》, 김진명

📖 징검다리 독서

　김진명의 소설 《직지: 아모르 마네트 1》은 세계에서 가장 오래된 금속활자본인 '직지'와 구텐베르크의 금속활자를 둘러싼 중세의 미스터리를 추적하는 이야기다.
　이 소설의 이야기는 평온한 주택가에서 발생한 끔찍한 살인사건으로 시작된다. 피해자는 고려대학교에서 라틴어를 가르치다 정년퇴임한 전형우 교수이다. 그의 시신은 귀가 잘려 나가고 심장이 관통된 상태였으며, 목에는 드라큘라에게 물린 듯한 송곳니 자국이 남아 있었다. 사회부 기자인 기연은 이 중세풍의 기괴한 살해 방식에 강한 의문을 품고 사건을 파고든다. 조사 과정에서 고인이 된 전형우 교수가 교황청의 비밀 수장고에서 발견된 편지를 해석했다는 사실을 알게 되고, 이를 단서로 사건의 진실을 파헤치기 위해 프랑스로 향한다.

그곳에서 기연은 상상도 못한 반전과 충격적인 사실을 마주하게 된다.

부와 성공으로 가는 생각

편식하는 독서는 금물

　김진명 작가는 소설이라는 장르의 특성상 허구의 내용을 다루지만, 역사적 사실에 기반하여 치밀한 자료 조사와 현지 취재를 통해 상상력과 역사적 사실을 결합시켜 이야기를 이끌어 가는 데 능한 작가이다. 그는 《바이러스 X》를 통해서도 2019년에 발생한 코로나바이러스에 대한 문제의식과 해결책을 제시하는 통찰력을 보여 주었다.

　독서를 하다 보면, 내가 좋아하고 관심 있는 분야에만 집중되는 시기가 있다. 인간에겐 인지편향이 있을 수밖에 없으니 어쩌면 당연한 일일 수도 있다. 나는 소설은 현실감이 없고, 재미 위주인 듯해서 거부하는 경향이 있었다. 요즘은 특히, 자기계발서나 경제·금융, 재테크 분야에 관심이 많다. 하지만, 소설도 그 무한한 상상력 속에서 얻어지는 통찰력과 역사적 사실과 결합되어 만들어지는 수준 높은 스토리를 통해 앞으로 미래를 내다볼 수 있게 만들어 준다.

　조선 세종대왕 시대와 15세기 유럽의 시대를 직지와 금속활자라는 소재를 가지고 어떻게 연결할 수 있는지 김진명 작가님의 혜안이 부럽고 존경스러울 따름이다. 그 비결은 아마 폭넓은 독서이겠지?

　앞에서도 잠깐 소개를 했지만, 개그맨이자 작가인 고명환 씨는 인문학이 "인간이 살아가는 무늬를 연구하는 학문이다."라는 말을 자주 한다. 사람이 살아가는 삶의 방향과 길, 방식들은 장르에 상관없이 다양하고 폭넓은 독서를 통해서 이어져 왔고 나아갈 것이라고 판단된다.

그래서 독서할 때는 골고루! 편식은 금물!

Amor Manet: 사랑은 남는다, 사랑은 지속된다
《직지: 아모르 마네트 2》, 김진명

📖 징검다리 독서

2권에서는 이야기가 조선 세종대왕 시대와 15세기 유럽으로 확장된다. 세종대왕은 백성을 위한 새로운 글자, 즉 한글을 창제하려는 비밀 프로젝트를 진행하며, 이를 위해 주자소의 뛰어난 인재들과 협력한다. 한편, 유럽에서는 독일의 신학자이자 철학자인 니콜라우스 쿠자누스가 동방에서 전해진 금속활자 기술에 대한 소문을 접하고, 그 진실을 파헤치기 시작한다. 이 과정에서 그는 동방의 두 승려와의 만남을 통해 금속활자 기술의 기원을 추적하게 된다.

현대의 기연은 전형우 교수의 죽음의 진실을 파헤치던 중, 교수가 로마대학교에서 박사 학위를 받았으며, 바티칸 교황청의 비밀 수장고를 정리하는 작업을 하면서 '카레나'라는 이름에 도달하게 되었다는 사실을 알게 된다.

그는 이와 관련된 교황청 수장고의 거대한 비밀을 알게 되면서,

사건의 진실에 한 발짝 더 다가서게 된다. 그는 금속활자 기술의 전파와 관련된 숨겨진 역사를 밝혀내며, 지식과 정보의 공유가 인류 발전에 얼마나 중요한 역할을 하는지 깨닫게 된다.

부와 성공으로 가는 생각

지식의 대중화를 싫어한 권력의 폐쇄성

이 책은 역사적 사실에 작가의 상상력을 더한 내용의 소설이지만, 곱씹어 볼 만한 주제와 메시지가 많다. 우리나라의 직지와 한글, 유럽의 금속활자와 성경은 비슷한 면이 존재한다. 그것은 둘 다 인쇄 기술과 문자(글)의 힘이 얼마나 중요한지, 그리고 대중들의 앎과 지식의 습득을 좋지 않게 생각하는 권력집단의 폐쇄성을 깨닫게 한다. 한글이 백성들에게 알려지면 그동안 권력을 누려 왔던 사대부들의 근간이 흔들릴 수 있다는 생각에 사대부 양반들은 세종대왕의 한글 창제를 반대했다. 그들이 그토록 어려운 한자를 고집했던 이유도 여기에 있다. 지식이 일반 대중들에게 퍼져 대중화되는 게 싫었던 것이다.

그런 비슷한 일은 인쇄술이 발전되지 않았던 중세유럽에서도 일어났다. 그 당시 로마에서는 가톨릭 교황청의 권위가 아주 높았다. 면죄부가 판매되었고, 마녀사냥이 일어났다. 종교계의 권위를 지키기 위한 암투와 권력 싸움도 빈번했다. 성경책은 필사를 전문적으로 하는 필경사들을 통해 보급되었는데, 당시 성경책 한 권의 가격이 자그마치 집 한 채 가격이었다고 한다. 당연히 대중들은 성경책을 접하기 힘들었고, 이로 인해 교황청 소속의 종교인들이 대부분의 지식을 독점했다. 이런 시대상황에서 금속활자 인쇄술이 전해짐에 따라 성경책을 전문적으로 필사하던 수사들의 직업이 하루아침에 없어졌고, 성경책을 비롯한 다른 지식서적들이 쉽게 인쇄되어 보급되자 자신들의 권력이 줄어들 거라 생각해서 인쇄술 보급을 반대했던 세력이 있었다.

AI의 등장과 없어질 직업, 우리의 대응

몇 년 전 춘천에 있는 활자 박물관을 방문한 적이 있다. 이전에는 신문을 활자로 만들어 기사를 작성하고 잉크를 발라 찍어 내었다. 그러다 컴퓨터가 발명되고, 워드 프로세서 같은 문서 작성 프로그램이 등장하면서 활자를 만들고 작성하는 사람들의 직업이 갑자기 자취를 감췄다.

지금은 전 세계가 4차 산업혁명의 시대를 맞이하고 있다. AI와 자율주행, 로봇, 우주산업 등의 기술개발과 혁신이 이루어지고 많은 기업이 앞다투어 경쟁하고 있다. 새로운 지식혁명의 시대가 도래하고 있는 것이다. 미국의 Open AI에서 만든 Chat GPT, 구글의 Gemini, 중국의 딥시크 등 다양한 AI 모델들이 등장하고 있고 앞으로 미래에 AI를 통한 지식혁명이 다시 한번 예고되고 있다. 많은 직업군의 발전과 쇠퇴도 있을 것이다. AI의 발전으로 사라질 가능성이 높은 직업들은 주로 반복적이고 자동화가 쉬운 업무를 포함하는 직종들이다. 대표적으로 사무 및 행정직(데이터 입력원, 단순 회계 및 경리 업무, 텔레마케터, 고객센터 상담원), 제조 및 물류 관련 직업(공장 생산직, 창고 관리 및 포장 작업자, 주유소 직원), 금융 및 법률 관련 직업(보험 사무원, 기본적인 법률 상담원, 주식 트레이더),

미디어 및 콘텐츠 제작(뉴스 기자, 영상 편집 및 기본 디자인 작업, 번역가), 운송 및 서비스업(버스 및 택시 기사, 패스트푸드 점원, 호텔 및 공항 체크인 직원) 등이 있다. 반면, 창의성과 감성적 소통이 필요한 직업은 AI로 대체되기 어렵다. 예를 들면, 창의력이 요구되는 직업(예술가, 작가, 마케팅 기획자), 인간적인 공감이 필요한 직업(심리 상담사, 간호사, 유치원 교사), 복잡한 문제 해결이 필요한 직업(AI 연구자, 엔지니어, 의료 전문가) 등이 있다.

AI로 인해 사라지는 직업이 있는 만큼, 새로운 직업도 계속 생겨나고 있다. 그러므로 우리는 AI를 활용할 수 있는 능력을 키우는 것이 중요하다. AI와 함께 일하는 방식으로 변화하는 것이 미래 대비에 유리할 것이다. AI를 우리의 두 번째 두뇌로 활용하는 "듀얼 브레인" 시스템을 장착해야 한다.

당신에게 있어서 '을밀대'는 어디인가?

《체공녀 강주룡》, 박서련

> 📖 징검다리 독서

《체공녀 강주룡》은 박서련 작가가 2020년에 출간한 소설로, 1931년 평양에서 실제로 있었던 강주룡 을밀대 고공농성 사건을 바탕으로 한 작품이다. 주인공인 강주룡은 평양의 을밀대에서 조선 최초의 고공농성을 벌인 여성 노동운동가이다. 그녀는 평양의 고무공장에서 일하는 여성 노동자들의 임금 삭감에 반대하며 투쟁을 시작한다. 조선 총독부의 탄압과 자본가들의 착취 속에서 노동자들은 제대로 된 임금과 노동환경을 보장받지 못하고 있었고, 특히 여성 노동자들은 더욱 열악한 상황에 처해 있었다. 강주룡은 공장에서 해고된 여성 노동자들도 다시 복직하고, 정당한 임금을 받아야 한다는 목표를 가지고 을밀대에 올라가 단식 투쟁을 벌인다.

높은 곳에서 내려다보는 도시의 풍경, 아래에서 그녀를 응원하는 사람들과 비웃는 사람들, 경찰과 일본 관료들의 탄압 속에서도 그녀는 결코 포기하지 않는다. 이 과정에서 강주룡은 단순히 노동운동가가 아니라, 한 인간으로서의 삶과 신념, 꿈, 그리고 외로움을 겪으며 성장하는 모습을 보여 준다.

부와 성공으로 가는 생각

바람이 불어도 흔들리지 않는 나무처럼

 강주룡이 을밀대에서 내려다본 세상은 단순한 거리의 풍경이 아니라 자신이 바꾸고자 했던 현실이다. 우리는 때때로 높은 곳(즉 새로운 관점)에 올라가야만 더 넓은 시야로 세상을 바라볼 수 있다. "당신에게 있어서 '을밀대'는 어디인가?" 지금보다 더 높은 시각에서 내 삶과 세상을 바라볼 방법을 찾아보기 바란다.

 한 사람이 자신의 신념을 지키며 살아간다는 것은, 바람이 불어도 흔들리지 않는 나무처럼 서 있는 것과 같다. 하지만, 중요한 것은 '꺾이지 않는 것'이 아니라, '뿌리내리는 것'이다. 나의 신념의 뿌리는 어디에 있으며, 그 신념을 뿌리내리기 위해 우리가 오늘 할 수 있는 작은 행동을 무엇일까?
 신념을 가지고, 세상을 변화시키고자 하는 노력은 쉽지 않다. 나만의 을밀대로 올라갈 수 있는 용기가 있어야 되고, 차갑고 거센 바람이 불어도 그 자리를 지킬 수 있는 신념이 뿌리내려야 가능하다. 우리는 '용기'라 하면 거대한 업적을 떠올리지만, 실제로 용기는 일상의 작은 선택에서 나온다. '부당한 일에 맞서는 것', '내 의견을 솔직하게 말하는 것', '누군가에게 따뜻한 손을 내미는 것'…. 거창하지 않다. 용기와 신념은 거창한 것이 아니라, 우리의 매일 속에서 만들어지는 것이다.

생각 속의 생각

2025년 3월, 한국의 천재 감독 봉준호 감독의 〈미키 17〉이란 영화가 개봉되었다(영화 홍보는 아니지만, 꼭 한번 보시길 바란다). 18번이나 프린팅되어 만들어진 미키의 영화이자, 인간 정체성의 영화이다. 자본주의와 효율성, 세상의 시스템을 위해 희생되고 소모되어 온 우리네 인간의 모습을 유머스럽지만, 슬프게 표현한 영화이다. 어쩌면 우리 자신들도 늘 새로 프린팅되고, 또 무언가를 위해 희생되고 소모되어 버려지는 건 아닐까?

1% 차이가 미래를 결정짓는다

《루스벨트 게임》, 이케이도 준

📖 징검다리 독서

《루스벨트 게임》은 일본의 유명 작가인 이케이도 준이 쓴 경제·기업 소설로, 회사 경영과 야구를 결합한 흥미로운 작품이다. 주인공인 호소카와 사토루는 중견 제조업체 아오야마 제작소 사장이다. 회사는 한때 번창했지만, 경기 침체와 경쟁 심화로 인해 경영난에 빠진다. 경쟁사인 아산도 전기는 아오야마 제작소를 무너뜨리기 위해 각종 공작을 벌이며, 내부에서는 회사 구조조정을 둘러싸고 이사회와 임원진의 반발이 거세진다. 아오야마 제작소에는 실업 야구팀이 있는데, 회사가 위기에 처하자 비용 절감을 이유로 팀 해체가 논의된다. 하지만 야구팀은 직원들에게 희망의 상징이며, 사기 진작에 중요한 역할을 한다. 야구팀을 지키려는 직원들과 이를 구조조정의 일환으로 없애려는 경영진 간의 갈등이 심화된다. 이런 상황에서 야구팀은 중요한 경기에서 숙적 아산도 전기 야구팀과 맞붙는다. 그리고 극적인 승부 끝에 루스벨트 게임(1점 차 승부의 명승부)을 만들어 내며 승리한다. 이 승리는 회사 직원들에게 큰 감동을 주고, 결과적으로 회사의 위기 극복에도 긍정적인 영향을 미친다. 한편 호소카와 사토루는 회사를 지키기 위해 고군분투하며, 내부의 배신자와 외부의 적들을 물리치고 아오야마 제작소를 재건하는 데 성공한다.

부와 성공으로 가는 생각

단 1%의 가능성, 끈질김

　비즈니스 세계를 살펴보면, 성공과 실패를 가르는 차이는 종종 매우 미세하다. '한 끗 차이'가 승패를 가른다.

　세계적인 스마트폰 경쟁업체인 애플과 삼성 제품은 사양의 차이는 그다지 크지 않다. 하지만 그 차이를 이끄는 것은 브랜드 이미지, 생태계, 고객 충성도 같은 작은 차이이며, 그것이 시장의 점유율을 결정한다. 패스트푸드 업계에서 맥도날드와 버거킹은 비슷한 제품을 내놓지만, 마케팅 전략과 고객 경험의 차이가 실적에 큰 영향을 준다. 우리는 여기서 '완벽한 승리'가 아니라 조금이라도 더 나은 전략이 승리를 만든다는 교훈을 얻을 수 있다.

　1점 차이의 치열한 게임인 '루스벨트 게임'에서는 끝까지 포기하지 않는 팀이 승리한다. 2008년 금융위기 당시 테슬라는 파산 직전까지 몰렸다. 마지막 순간에 일론 머스크가 개인 자산을 과감히 투입하고, 투자 유치에 성공하여 살아남았다. 그리하여 테슬라는 세계 전기차 시장의 리더가 되었다. 넷플릭스는 DVD 대여 사업에서 스트리밍으로 전환하면서 블록버스터를 몰락시켰다. 변화의 순간에 작은 전략의 차이가 기업의 운명을 결정한 경우는 많다. 고객의 경험, 브랜드 이미지, 기술력 같은 작은 차이가 시장을 지배하는 요소가 될 수 있다. 작은 디테일이 경쟁 우위를 만든다.

　결국 '1%의 차이'가 미래를 결정한다. 경쟁에서 살아남으려면 디테일까지 신경 써야 한다. 위기 상황에서도 기회를 포착할 줄 알아야 한다. "위기를 기회로."라는 말을 들어 보았을 것이다. 그런데, 정말로 위기라는 단어 안에는 '기회'의 의미가 담겨 있다. 위기를 한자로 하면 危機(위태할 위; 틀 기)다. 기회를 한자로 하면 機會(틀 기; 모일 회)다. 위기의 '기(機)'와 기회의 '기(機)'는 같은 한자를 쓴다. 결국, 위기란 '위태로움 속의 기회'인 것이다. 작은 차이를 지속적으로 쌓아 가면 결국 큰 승리를 만나는 날이 온다. 이 원리를 투자와 실생활에 적용하면 훨씬 더 날카로운 시각을 가질 수 있을 것이다.

사람들은 말한다. "결국 이긴 자가 모든 걸 가져간다." 틀린 말은 아니다. 하지만, 진정한 인생의 승패는 100 대 0이 아니라, 51 대 49라는 걸 알게 되었다. 루스벨트 게임은 그런 진실을 보여 준다. 냉혹한 비즈니스의 세계, 생존이 걸린 회사의 존폐 위기 속에서도 누군가는 포기하지 않았다. 그리고 땀과 눈물로 단 1%를 쥐어 짜낸 사람들이 있었다. 패배와 승리의 간격은 생각보다 좁다. 그렇기에 우리는 매 순간이 마지막일 수도 있다는 각오로 살아야 한다. 살다 보면 무수히 많은 벽에 부딪힌다. 남들은 안 된다고 말한다. 하지만 그때마다 나는 루스벨트 게임을 떠올린다. **단 1%의 가능성. 누군가는 그것을 기적이라 부르지만, 나는 그것을 '끈질김'이라 부른다.** 그리고 그 끈질김이야말로 이 시대를 살아가는 우리가 가질 수 있는 가장 단단한 무기다.

우리는 조작된 정보를 보고 듣고 있을 수 있다

《익명의 소녀》, 그리어 헨드릭스 & 세라 페카넨

> 📖 징검다리 독서

주인공 제시카 펜틸로는 뉴욕에서 프리랜서 메이크업 아티스트로 일하며 경제적으로 넉넉지 않은 삶을 살고 있다. 그러던 중 우연히 대학 심리학 연구에 참가하면 높은 보수를 받을 수 있다는 정보를 듣게 된다. 원래 연구 참가자는 대학생이었으나, 제시카는 몰래 등록하고 이 심리 실험에 참여하게 된다.

연구를 주관하는 사람은 리디아 실즈 박사라는 매력적이지만 카리스마 넘치는 심리학자로, 윤리와 도덕성에 대한 질문을 던지는 연구를 진행한다. 처음에는 단순한 설문 조사였지만, 점점 리디아 박사는 제시카에게 더 깊이 개입하며 개인적인 실험을 강요한다. 제시카는 단순한 실험 참가자가 아니라 리디아의 조작에 의해 점점 더 위험한 상황에 빠져들고, 결국 그녀의 어두운 과거와 진짜 목적이 드러나게 된다. 스토리는 제시카와 리디아 박사 사이의 심리전이 중심이 되며, 진실과 거짓, 신뢰와 배신이 얽히면서 긴장감이 고조된다.

부와 성공으로 가는 생각

나를 나락으로 인도할 수 있는 AI 알고리즘

리디아 박사는 제시카의 과거, 심리적 약점, 가치관을 이용해 그녀를 조종한다. 이 소설을 읽다 보면, 이는 오늘날 우리가 겪는 정보 조작과 비슷한 구조를 가지고 있다는 것을 알게 된다. 예를 들어, 유튜브나 틱톡의 알고리즘은 사용자의 관심사에 맞는 영상을 점점 더 극단적인 방향으로 추천한다. 처음엔 단순한 다이어트 정보였지만, 점점 극단적인 체중 감량 영상(거식증을 조장하는 콘텐츠)으로 이어질 수도 있다.

2016년 미국 대선 당시 케임브리지 애널리티카 사건에서는 페이스북 데이터를 이용해 특정 성향의 사람들에게 맞춤형 정치 광고를 노출하여 투표 행동을 조작하려는 시도가 있었다. 이는 리디아 박사가 제시카의 심리를 조종하는 방식과 매우 유사하다.

AI 기술이 더욱 발전되면 될수록 돈과 권력을 가진 자들의 알고리즘 조작과 심리 조작은 더욱 강해질 것이다. 이제 독자로서 "나는 내 도덕적 기준을 어디까지 지킬 수 있을까?", "내가 지금 보고 듣고 있는 정보는 누군가의 의도에 의해 조작된 것은 아닐까?" 같은 질문을 던져 보는 것이 중요하다. 이런 방식으로 독서를 통해 생각을 확장한다면, 소설을 단순한 재미, 오락이 아닌 자기 성찰의 도구로 활용할 수 있다.

이제부터 가끔은 TV나 인터넷, 스마트폰에서 눈을 떼고, 하늘을 보며 운동이나 하자. **누군가가 추천해 주는 꿀팁이 나를 나락으로 가게 할 수도 있다.** 내가 진정 원하는 것이 무엇이며, 내가 가고 싶은 곳, 내가 하고 싶은 것을 나의 방법으로 추구하며 살아가도록 노력하자.

창호지에 바늘구멍 내고 바깥세상 엿보기
《나의 아름다운 이웃》, 박완서

📖 징검다리 독서

　우리가 늘 잊지 말고 새겨야 할 인생의 소중한 가치와 의미를 전하는 故 박완서 작가의 단편 소설집이다. 우리 사회의 여러 단면들을 날카롭게 포착하여 재미있고 재치 있지만, 가볍지 않게 다룬다. 주위에 있을 법한 이야기들을 48편의 짧은 소설로 엮어 보여 줌으로써 우리 인생의 가치가 어디에 존재하고 있는지, 사랑과 결혼의 기준이 과연 무엇인지 등을 과감하고도 친근한 작가의 문체로 보여 준다.
　이 글은 근대 산업화 정책을 통해 이룬 경제 성장으로 물질적인 풍요는 이루었지만, 그에 따라 상대적, 심리적으로 빈곤했던 1970년대 한국의 사회를 배경으로 했다. 또, 합리적이지 못했던 사회의 구조 속에서 소외되고 차별받아야만 했던 노인과 여성 등 사회적 약자들의 삶에 집중했다. 저자는 글을 통해 여러 우리 사회의 문제와 병폐를 진단하는 동시에 그래도 희망의 씨앗을 싹 틔우자고 이야기하고 있다.

💡 부와 성공으로 가는 생각

서점을 둘러보다 《어차피 남들은 나에게 관심이 없다》라는 제목의 책을 본 적 있다. 우리는 주위의 사람들과 이웃에게 얼마나 관심을 갖고 살아가는가? 코로나19 팬데믹 당시 우리는 사람을 거의 만나지 않게 되었고, 비대면으로 회의를 하고, 음식은 배달시켜 먹었다. 코로나는 끝이 났지만, 이런 비대면 문화와 마케팅 전략이 그대로 이어져 오고 있는 경우가 많다. 지하철이나 거리에서 누군가 위험한 상황에 처했을 때, 주변 사람들이 도와주지 않는 '방관자 효과(Bystander Effect)'가 자주 발생한다. '나는 저 사람과 상관없어.'라는 생각이 더 큰 사회적 문제를 만들 수 있다. 예를 들면, 아동학대 사건이 주변의 무관심으로 피해를 키우는 경우가 많다. 일본에서는 '고독사' 문제가 심각한 사회적 이슈가 되고 있다. 홀로 사는 사람들이 아무도 모르게 사망하는 경우가 많으며, 이는 이웃과의 관계 단절이 만든 문제 중 하나다. 한국에서도 1인 가구가 증가하면서 사회적 고립이 심화되고 있고, 이에 따라 '이웃과의 관계'를 회복하려는 다양한 시도가 필요하다.

반면, 누군가를 도와주고 싶지만, 상대방이 불편해할 수도 있다는 생각에 선뜻 도움의 손길을 내밀기 꺼려질 때도 있다. 그렇다면, 우리는 상대방에 대한 관심과 간섭의 기준을 어떻게 설정해야 할까?

사람들과의 관계에서 관심과 간섭의 기준을 설정하는 것은 쉽지 않지만, 몇 가지 원칙을 정하면 도움이 된다.

첫째, 상대방의 자율성을 존중한다. 조언을 하기 전에 상대가 원하고 있는지 확인한다. 관심은 상대가 필요할 때 도움을 주려는 것이지만, 간섭은 상대의 의사와 상관없이 개입하는 것이다.

둘째, 경청하고 질문한다. 상대방이 도움을 필요로 하는지 직접 묻는 것도 중요한데, "내가 도와줄 수 있는 부분이 있을까?"와 같은 열린 질문을 하면 간섭이 아닌 관심으로 다가갈 수 있다.

셋째, 의견과 결정의 차이를 이해해야 한다. 관심은 자신의 의견을 말하는 것이지만, 간섭은 상대가 그렇게 하도록 강요하는 것이다. 조언을 하되 선택은 상대방이 하도록 두는 것이 중요하다.

넷째, 상대방의 반응을 꼭 살핀다. 상대가 불편해하거나 부담스러워하면 한 발 물러나야 한다. "내가 너무 깊이 개입한 것 같으면 말해 줘." 같은 말로 조절할 수도 있다.

다섯째, 나의 기준도 분명히 해야 한다. 반대로 상대가 나에게 지나치게 간섭할 때는 정중하게 선을 긋는 것도 필요하다. "네가 걱정해 주는 건 고맙지만, 이 부분은 내가 스스로 결정하고 싶어."라고 말할 수 있어야 한다. 관심과 간섭의 경계는 관계의 성격에 따라 다를 수 있지만, 상대방의 자율성을 존중하고 열린 소통으로 자연스럽게 균형을 맞출 수 있어야 한다.

보통 사람들은 '타인의 암보다 나의 고뿔에 더 관심'이 있기 마련이다. 이것은 사람의 본능적 이기심이다. 하지만, 우리는 이 이기심을 이겨 내야 한다. 그래야 부와 성공의 DNA를 가질 수 있다. 나는 학원에서 상담을 할 때면 항상 이런 말을 하곤 한다. "저의 목표는 회원님 당신을 성공시키는 것입니다." 그렇다. 우린 본능과 거꾸로 살기 위해 투쟁해야 한다. 그것이 역행자의 삶이요, 추월자의 삶이다. 이웃에 대한 관심과 간섭의 균형 잡힌 행동 속에서 '기버(Giver)'로서의 삶을 산다면 우린 최소한 가난하게는 살지 않을 것이다. 데일 카네기는 그의 책 《인간관계론》에서 이 같은 타인 지향적인 삶이 '블루오션'이라고 얘기한다. '베푸는 자의 삶'이 사람들에게 잘 알려져 있지 않아 경쟁이 치열하지 않은 유망한 시장이라는 것이다. **타인의 고뿔을 자신의 암보다 더 크게 보는 성인군자와 같은 사람은 못 될지라도, 타인의 고뿔을 자신의 고뿔처럼, 타인의 암을 자신의 암처럼 여기는 그런 사람은 꼭 되도록 노력하자.**

"달려가는 소방차의 대열을 향해 나는 늘 내 마음의 기도를 전했다. 살려서 돌아오라. 그리고 살아서 돌아오라."

- 소설가 김훈의 에세이 《라면을 끓이며》 중에서

제니 할머니의 귀환과 60억 유산

《할매가 돌아왔다》, 김범

📖 징검다리 독서

 김범의 장편소설 《할매가 돌아왔다》는 67년 만에 돌아온 할머니와 그녀의 유산 60억 원을 둘러싼 가족들의 이야기를 유머러스하게 그려 낸 작품이다. 광복 직전에 일본 군인과 사랑에 빠져 가족을 떠난 정끝순 할머니는 모두의 기억에서 사라졌다. 그러던 어느 날, 그 할머니가 '제니 박'이라는 이름으로 67년 만에 가족 앞에 서프라이즈하게 나타난다. 할머니의 갑작스러운 귀환에 가족들은 당황하지만, 그녀에게 60억 원의 유산이 있다는 말을 듣고 태도가 돌변한다. 각자 경제적으로 어려움을 겪고 있던 가족들은 유산을 차지하기 위해 할머니에게 잘 보이려 노력하며, 이 과정에서 가족 간의 갈등과 화해가 펼쳐지는 소설이다.
 죽은 줄 알았던 할머니의 귀환으로 몰랐던 과거 사실들이 줄줄이 밝혀지고, 핏덩이 애들을 두고 떠났던 끝순의 진실은 무엇이었는지? 가장 궁금한 60억은 정말 있는 건지? 궁금하다.

부와 성공으로 가는 생각

이 소설은 그냥 코믹으로만 끝나는 것이 아닌 진실된 가족의 이야기다. 힘든 일제 시절을 거친 우리네 할머니들의 이야기이며, 그 시대를 살아간 힘겹고도 고단했던 이 나라 여인네들의 삶의 이야기이다. 이 소설은 가족의 의미와 물질적 가치에 대한 인간의 욕망을 다룬다. 할머니의 귀환과 유산을 둘러싼 소동을 통해 가족 구성원들의 이기심과 갈등이 드러나지만, 결국에는 가족의 소중함과 화해의 중요성을 일깨운다. 작품은 유머러스한 필치로 현대 사회의 물질 만능주의를 비판하며, 진정한 유산은 돈이 아닌 가족 간의 사랑과 이해임을 독자에게 전한다.

한국에서 '제니 할머니' 같은 인물은 흔하지 않지만, 시대의 변화에 따라 점점 더 늘어나고 있다고 볼 수 있다. 과거 한국의 할머니들은 전통적인 가치관을 지키며 가족을 위해 헌신하는 이미지가 강했지만, 현대에는 독립적이고 개성 있는 할머니들이 등장하고 있다. 경제적으로는 여유롭고 독립적인 경우가 많고, 자신의 삶을 주체적으로 선택한다. 해외 생활 경험이 있거나, 다양한 문화를 수용하는 열린 사고를 가진 분들이다. 한국식 엄격한 가족관계보다 개인의 행복을 더 중시하는 경향이 있다. 과거에는 전통적인 어머니, 아내, 며느리 역할에 충실했지만, 노년에는 자기 자신을 위한 삶을 찾아 나선다. 여행, 취미 활동, 배움 등을 즐기며 노년을 활기차게 보낸다. 손주나 자녀와 친구처럼 지내려는 모습을 보이며, 전통적이고 권위적인 태도보다 유머와 이해를 바탕으로 가족과 소통하는 할머니이다. 과거 한국의 할머니들은 희생적인 존재로 여겨졌지만, 이제는 제니 할머니처럼 자기 삶을 소중히 여기고, 개성을 드러내며 살아가는 모습이 점점 더 보편화되고 있다.

"오늘도 시장에서 머리를 보라색으로 물들인 할머니를 보았다. 멋지시다."

이제 남편은 죽음으로써
흔들리지 않는 세계로 들어갔다

《사도의 8일: 생각할수록 애련한》, 조성기

📖 징검다리 독서

　조성기 작가의 장편소설 《사도의 8일》은 조선 역사에서 가장 비극적인 인물 중 하나인 사도세자의 죽기 전 마지막 8일을 다룬다. 이 작품은 사도세자가 뒤주에 갇혀 죽음을 맞이하기까지의 기간을 그의 시점과 아내인 혜경궁 홍 씨의 시점에서 교차적으로 서술하며, 그들의 내면과 관계를 깊이 있게 탐구한다. 사도세자와 영조의 관계는 극심과 갈등과 오해로 점철되어 있다. 영조의 과도한 기대와 엄격함은 사도세자의 정신적 불안정성을 초래하였고, 결국 비극적인 결말로 이어진다. 이는 당시 왕실 권력 내부의 인간관계가 얼마나 취약하고 위험한지를 보여 준다. 사도세자는 한편으로는 총명하고 자애로운 면모를 지녔지만, 다른 한편으로는 폭력적이고 잔인한 행동을 보였다. 작가는 이러한 양면성을 통해 인간의 복잡한 내면과 그 이면에 숨겨진 고통을 조명한다. 혜경궁 홍 씨는 남편의 광기와 폭력 속에서도 아들 이산을 보호하기 위해 자신의 감정을 억누르고 현실에 맞선다. 그녀의 모습은 당시 여성의 희생과 모성애의 위대함을 상징적으로 나타낸다. 《사도의 8일: 생각할수록 애련한》은 역사적 사실을 바탕으로 인간의 내면과 관계를 깊이 있게 탐구한 작품으로, 독자에게 인간성과 권력의 본질에 대한 깊은 성찰을 제공한다.

> 💡 **부와 성공으로 가는 생각**

현대 심리학적 관점에서 바라본 사도세자

역사 속 사도세자의 행동을 당대의 시각이 아니라 현대 심리학적 관점에서 바라보는 것은 어떤 의미가 있을까? 그의 행동을 현대적 심리학적 관점에서 바라보는 것은 의미 있는 시도라고 생각한다(사도세자의 광기나 폭력성, 잘못된 그의 행동을 옹호하려거나 명분을 줄 생각이 없고, 단지 또 다른 시각에서 한번 바라보고자 하는 것임을 밝혀 둔다).

당시에는 정신질환이나 심리적 문제를 이해하는 개념이 부족했고, 왕실 내부의 정치적 환경이 극도로 가혹했기 때문에 사도세자의 행동이 단순한 '광기'나 '폐륜'으로만 해석되었다(아버지와 아들의 대립이 아니라 경쟁하는 당파를 길들이기 위한 영조왕의 계산 끝에 아들을 재물로 삼은 행위였다는 견해도 있다). 하지만 현대 심리학적 관점에서 보면 그의 행동에는 여러 심리적·정신적 요인이 작용했을 가능성이 크다.

사도세자는 어린 시절부터 강압적인 아버지인 영조 밑에서 성장했다. 왕자로서 아버지의 기대에 부응해야 한다는 부담감과 계속되는 비난, 질책 속에서 그의 자기효능감(Self-efficacy)은 바닥이었을 수 있다. 감정을 자유롭게 표현할 수 없는 궁궐이라는 환경에서 우울감과 분노가 내면에 켜켜이 쌓였을 가능성도 있다.

역사적 기록에 따르면 사도세자는 평소에는 온화했지만, 어떤 순간에는 트리거가 켜지듯이, 격렬한 감정의 기복을 보이며 폭력적이고 가학적인 행동을 했다고 한다. 이는 조울증(양극성 장애)의 증상과 유사하며, 감정 조절의 어려움이 그의 비극적 행동을 초래했다라고 판단해 볼 수 있다(지금도 범죄 가해자들 중에 감정 조절, 분노 조절 장애자들이 많다). 아버지 영조의 극단적인 훈육과 지속적인 모욕, 그리고 정치적 압박은 사도세자에게 심각한 내면의 상처를 남겼을 수도 있다. 이러한 억압된 환경에서 지속적으로 심리적·신체적 학대를 경험한 사람들은 감정 조절이 어려워지고, 폭력적이고 가학적인 행동을 보일 가능성이 높다.

조선 시대에는 정신질환에 대한 개념이 거의 없었기 때문에 사도세자의 행동을 단순히 '미쳤다'라고 규정했을 것이다. 하지만, 오늘날의 시각으로 보면 이는 정신질환이나 심리적 스트레스에서 기인한 것으로 볼 수 있다(앞에서도 말했지만, 그의 행동에 면죄부를 주고자 하는 의도는 아니다). 현대적 해석을 통해 그가 단순한 폭군이 아니라, 심리적 고통을 겪었던 인간이었다는 점을 조명할 수 있다.

사도세자의 사례는 부모의 양육 방식이 자녀의 정신 건강에 얼마나 큰 영향을 미칠 수 있는지를 보여 준다. 현대 사회에서도 부모의 '과도한 기대'와 '엄격한 양육'이 자녀의 심리적 불안과 문제 행동으로 이어질 수 있음을 시사한다(〈스카이 캐슬〉이란 TV 드라마를 안 보신 분들은 꼭 한번 보시길 권유드린다). 또한, 왕족이나 권력층 인물들이 겪는 정신적 압박은 오늘날에도 유사한 문제이다. 현대에도 정치인, 재벌 2세, 유명인 등이 극심한 스트레스를 받아 심리적 문제를 겪는 사례가 많다. 사도세자의 사례를 통해 권력과 정신 건강의 관계를 분석하는 것은 현대적 의의가 있다고 하겠다.

"흔들지 마라. 남편도 누가 자꾸만 흔드는 바람에 정신이 망가지고 삶도 망가졌다. 망가지는 중에도 다정한 남편의 모습을 보여준 적이 간혹 있었다. 아이들에게 따뜻한 부정을 쏟기도 했다. 대조와 중궁정과 선희궁에게는 효도를 행하려 애쓰기도 했다. 온양 거동 시에는 백성들에게 군주로서 은택을 베풀기도 했다. 이제 남편은 죽음으로써 흔들리지 않는 세계로 들어갔다."

- 조성기, 《사도의 8일: 생각할수록 애련한》 중에서

메멘토 모리 - 죽음을 기억하라

《죽음》, 베르나르 베르베르

📖 징검다리 독서

　소설《죽음》은 사후 세계를 배경으로 삶과 죽음을 탐구하는 철학적 미스터리 소설이다. 우리나라 독자들에게《개미》로 알려진 프랑스 작가인 베르나르 베르베르의 작품이다. 주인공인 가브리엘 웰즈는 베스트셀러 추리소설 작가이다. 어느 날 그는 자신의 호텔 방에서 의문의 죽음을 맞이한다. 그는 자신이 죽었다는 사실을 처음엔 인식하지 못하지만, 곧 자신이 영혼이 되었음을 깨닫고, 자신을 죽인 범인을 추적하기 시작한다. 주인공의 죽음과 관련된 범인을 추적하는 과정이 이 소설의 중요한 줄거리이지만, 이 소설은 단순한 살인 사건을 넘어 '왜 우리는 죽음을 두려워하는가?'라는 철학적 질문을 던진다.
　죽음에 대한 성찰은 오히려 인생을 더욱 가치 있게 만드는 힘이 될 수도 있다. 베르나르 베르베르는《죽음》이라는 책을 통해 죽음을 단순한 공포의 대상이 아니라, 새로운 관점에서 바라볼 기회를 우리에게 제공한다.

부와 성공으로 가는 생각

삶을 더 의미 있게 만드는 도구 - '죽음을 기억하라'

일반적으로 죽음은 두려움이자 모든 생명체의 마지막으로 여겨진다. 하지만, 이 소설에서는 죽음을 '또 다른 시작' 혹은 '새로운 세계로의 여행'으로 제시한다. 만약 죽음이 끝이 아니라면, 우리는 죽음을 두려워하기보다는 어떻게 준비할 것인가에 집중해야 한다. 죽음을 더 깊이 이해한다면, 현재의 삶을 더 가치 있게 살 수 있다. 결국 죽음을 탐구하는 것은 "어떻게 살 것인가?"라는 질문과 맞닿아 흐른다. 우리의 삶에서 남긴 흔적들, 타인과의 관계들, 자신의 의미는 무엇인가?

스티브 잡스는 2005년 스탠퍼드 대학 졸업 연설에서 유명한 말을 남겼다. "만약 오늘이 내 인생의 마지막 날이라면, 내가 오늘 하려는 일을 정말 하고 싶은가?" 이 질문은 단순한 동기부여의 문구가 아니라, 깊은 철학적 의미를 담고 있다. 잡스는 이 메시지를 통해 죽음을 삶의 나침반으로 삼아, 매 순간 본질적인 선택을 하라고 말했다. 잡스는 17세 때 "하루를 마지막 날처럼 살라."라는 문장을 읽고, 매일 아침 스스로에게 위의 질문을 던졌다고 한다.

우리가 일상에서 고민하는 대부분의 문제는 결국 사소한 것일 수도 있다. 죽음을 떠올리면 무엇이 진정 중요한지 분명해진다. 돈, 명예, 타인의 평가…. 결국 죽음 앞에서는 이런 것들은 의미가 퇴색된다. 반면에 진정한 의미를 가지는 요소들인 가족, 사랑, 열정, 창조적인 활동, 자기초월적 욕구들이 더 가치 있게 여겨진다. 잡스는 연설 중에 "죽음을 생각하면, 실패와 두려움은 사라진다."라고 말했다. 비록 실패하더라도 인생 전체에서 보면 그것은 작은 것에 불과하고, 결국 그 시간은 또한 지나간다. 따라서 실패를 두려워하지 말고, 자신이 정말 하고 싶은 일을 해야 한다.

'메멘토 모리'는 '죽음을 기억하라'는 의미의 라틴어 표현이다. 고대 철학자들과 수도승들이 강조한 개념이다. 스토아 철학에서는 죽음을 염두에 두면 더 지혜롭게 살 수 있다고 보았다. 유명한 스토아학파 철학자인 마르쿠스 아우렐리우스는 "당신은 곧 죽을 것이다. 그러니 지금 할 수 있는 최선을 다하라."라고 말했다. 죽음을 두려워하는 것이 아니라, 삶을 더 의미 있게 만드는 도구로 활용하라. 일부 명상법에서는 죽음을 상상하는 연습을 한다. 예를 들어, "만약 오늘 죽는다면, 나는 후회 없이 살았는가?"라는 질문을 계속하게 하는 것이다. 이런 연습은 삶에 더 집중하고, 가치 있는 일에 에너지를 쏟게 만든다. 티베트 불교에서도 죽음을 준비하는 과정이 곧 깨달음으로 가는 길이라고 본다.

인생은 유한한 것이다. 따라서 의미 없는 일에 자신의 소중한 에너지를 낭비하지 말고, 중요한 일에 더욱 집중해야 한다. 죽음을 의식하면, 삶에 더 깊숙이 들어갈 수 있다. 남이 정해 준 길이 아니라, 자신이 스스로 선택한 길을 가야 한다. 그리고 죽음 앞에서는 실패도 사소한 것이므로, 실패의 기회비용 따위는 생각하지 말고, 무엇에든지 과감하게 도전해야 한다. 스티브 잡스의 철학은 단순한 동기 부여가 아니라, 삶을 대하는 근본적 태도를 변화시키고 개혁시키는 강력한 질문인 것이다. **"오늘이 내 인생의 마지막 날이라면, 나는 지금 이 일을 할 것인가?" 이 질문에 당당히 "그렇다!"라고 답할 수 있도록, 우리는 살아가야 한다.**

미안해! 네 잘못이 아냐
《설이》, 심윤경

> 📖 징검다리 독서

　심윤경 작가의 《설이》는 어린 소녀 설이의 시선을 통해 가족의 붕괴, 사회적 불평등, 폭력과 사랑을 깊이 있게 탐구하는 소설이다. 설이는 불우한 환경 속에서도 지적인 호기심과 강한 생명력을 지닌 아이로, 이 책은 그녀가 성장하며 겪는 아픔과 희망의 이야기를 담고 있다. 이 소설은 가족, 폭력, 가난, 교육, 생존이라는 복합적인 문제를 다룬다.
　이 책을 읽으면서 우리는 설이 같은 아이들이 현실에도 존재한다는 사실을 깨닫고, 어른들과 사회가 얼마나 아이들의 삶에 큰 영향을 미치는지 다시 성찰해 보아야 한다. 이 소설을 읽고 나면 마음 한편이 무거워지는 건 사실이지만, 동시에 삶을 개척하려는 한 아이의 강인함에 가슴이 뭉클해짐을 느끼게 된다.

부와 성공으로 가는 생각

여러 요인들이 복합적으로 얽힌 구조적 문제, 아동학대

아동학대는 단순히 개인의 문제가 아니라, 사회적·심리적·문화적 요인 등 여러 요인이 복합적으로 얽혀 있는 구조적인 문제다.

아동학대의 요인을 살펴보면 다음과 같다.

첫째 요인은 부모의 심리적·정신적 문제를 들 수 있다. 부모의 분노 조절 문제, 우울증, 스트레스가 누적되면서 아이를 학대하는 경우가 많다. 한국 사회는 육아 스트레스가 극심하지만, 부모에 대한 상담과 치료지원이 많이 부족한 실정이다. 또, 아이를 감정적으로 대하거나, 분풀이 대상으로 삼는 경우도 있다.

두 번째 요인은 학대의 대물림이다. 부모 자신이 어릴 때 학대를 당한 경험이 있을 경우, 자신도 모르게 학대를 행할 경우가 있다. 체벌과 학대를 구분하지 못하고, 자녀에게 폭력을 행사하는 것을 정당화하는 문화가 아직 존재한다.

세 번째 요인은 가정 내 절대적 권력 구조이다. 한국 사회는 여전히 부모가 자녀를 소유물처럼 대하는 경향이 있다. 아이의 감정보단 부모의 권위를 지키려는 태도가 강하다. 아이를 인격체로 존중하는 문화가 부족하다.

네 번째 요인은 아동을 보호할 수 있는 시스템의 한계이다. 학대 신고를 해도 아이를 가해부모와 즉각 분리하는 시스템이 약하다. 그래서 신고 후에도 부모가 보복적 학대를 가할 가능성이 크다. 또, 주변 사람들이 학대를 목격해도 '가정 문제에 개입하면 안 된다'는 인식 때문에 신고를 꺼리는 경우가 많다(부부간의 관계, 연인 간의 관계에서도 이런 일은 일어난다).

아동학대는 단순한 가정의 문제가 아니라, 사회 전체가 관심을 가지고 해결해야 할 문제라는 인식이 확산되어야 한다. 부모가 정신적으로 건강할 수 있도록 적극적으로 교육하고, 사회 구성원 모두가 관심을 갖고 해결해야 하는 문제라는 분위기를 만들어야 하고, 신고가 되는 즉시 해당 아이를 보호하고, 재학대를 방지하는 시스템을 적극적으로 마련해야 한다. 또한, 체벌은 훈육이 아니고, 아이도 한 인격체로 존중받아야 한다는 문화를 만들어야 한다. 부모 교육, 법적 보호, 사회적 인식 개선이 함께 이루어질 때, 아동학대를 줄일 수 있다.

존중받지 못한 사회, 아이가 운다

요즘 뉴스를 보면 자꾸 숨이 턱 막힌다. 또 아이를 학대한 부모의 뉴스이다. 가해자와 피해자가 뒤섞인 집안은 지옥과 다름이 없다. 우리는 놀라고 분노하지만, 금세 잊는다. 하지만, 그 아이는 평생을 기억할 것이다. 상처 난 그 작은 손과 발을, 험하디험한 그 말들을, 보호받지 못했던 그 온기를.

현대 한국 사회는 겉으로는 풍요롭다. 밤하늘에 불빛은 넘쳐 나고, 도시는 잠들지 않는다. 하지만, 그 안을 조금만 들여다보면 우리를 깨닫게 된다. 이 사회는 점점 '존중받을 자격이 있는 사람'과 '그렇지 않은 사람'을 나누고 있다는 것을 말이다. 집은 몇 평인지, 부모의 직업은 무엇인지, 차가 외제차인지 국산차인지, 모든 것이 사람을 분류하는 기준이 된다. 그리고 그 불평등은 아이에게도 이어진다.

부의 계급화는 단지 돈의 문제만이 아니다. 그것은 곧 존중과 비교의 문제이다. 가난한 부모는 사회에서 존중받지 못하고, 존중받지 못한 사람은 존중하는 법을 망각한다. 스스로도 가치 없다고 느끼는 이가 누군가를 온전히 보호하고 사랑하는 것은 얼마나 어려운 일인가.

존중 불안은 가난한 이들만의 문제가 아니다. 중산층도, 상류층도 끊임없이 비교당하며 불안에 시달린다. 아이는 성적표를 통해 부모의 기대를 감당하고, 부모는 아이를 통해 체면과 자존심을 세운다. 사랑이라는 이름으로 아이는 점점 짓눌린다.

아동학대는 단지 분노의 결과가 아니다. 그것은 사회 전체가 외면해 온 고통의 퇴적물이다. 집 안에서 일어나는 일이지만, 원인은 바깥에 있다. 아이는 맞기 위해 태어난 존재가 아니다. 하지만 존중받지 못한 사람은 결국 약한 존재에게 존중을 강요한다. 그 강요가 때로는 체벌이 되고, 모욕이 되고, 폭력으로 변질된다.

우리는 이제 아이를 구하기 위해 단지 가정 내 교육만을 논해서는 안 된다. 사회가 아이를 존중해야 한다. 그 부모가 존중받을 수 있어야 한다. 직업에 귀천이 없다고 말하면서 청소 노동자나 배달 기사를 쉽게 무시하는 문화 속에서 어떻게 아이에게 "모든 사람은 소중하다."라고 가르칠 수 있겠는가.

아이는 보고 배운다. 존중이 사라진 사회에서 자라는 아이는 결국 스스로를 존중하지 못한다. 그리고 언젠가, 또 다른 약자를 향해 폭력의 손을 뻗는다.

존중이 사라진 곳에서, 아이는 운다.
그리고 그 울음은 우리 모두의 책임이다.

"미안해, 너의 잘못이 아냐."

단짠, 감칠맛 나는 미스터리 추리소설
《여름, 어디선가 시체가》, 박연선

📖 징검다리 독서

　박연선 작가의 첫 장편소설인 《여름, 어디선가 시체가》는 첩첩산중의 아홉모랑이 마을, 두왕리를 배경으로 펼쳐지는 유쾌한 미스터리 소설이다. 이 소설은 과거의 미스터리와 현재의 인물들이 얽히며 사건을 해결해 나가는 과정을 통해, 인간관계의 복잡성과 시간의 흐름 속에서 변하지 않는 진실의 중요성을 다루고 있다. 또한, 작은 시골 마을의 일상과 그 속에서 벌어지는 비밀들을 유머러스하게 그려 내며, 공동체와 가족의 의미를 탐구한다.

　이 작품은 과거의 상처와 비밀이 현재에 어떻게 영향을 미치는지 보여 주며, 진실을 마주하고 해결하는 용기의 중요성을 전달한다. 예상치 못한 상황에서도 긍정적인 태도로 문제를 해결해 나가는 주인공들의 모습을 통해 삶의 어려움 속에서도 유머와 희망을 잃지 않는 자세의 가치를 일깨워 준다. 4차원 최강 백수 강무순, 팔십 노인

홍간난 여사, 츤데레 꽃돌이. 이 허무맹랑하고 얼렁뚱땅한 탐정 트리오가 벌이는 탐정 놀이의 엔딩은 어떻게 될는지?

부와 성공으로 가는 생각

미스터리 추리 소설을 읽어야 하는 이유

 왜 사람들은 미스터리 추리 소설에 끌리는가? 인간은 본능적으로 숨겨진 진실을 알고 싶어 한다. 논리적으로 퍼즐을 맞춰 가는 과정에서 강한 몰입감과 만족감을 느낀다. 단서들을 모아 가며 진실을 밝혀내는 과정은 일종의 도전이다. 결말에서 모든 조각의 파편들이 맞아떨어질 때 오는 만족감과 성취감이 독자에게 큰 즐거움을 선사한다.

 미스터리 추리소설은 예상치 못한 반전과 긴장감을 통해 감정을 자극한다. 현실에서는 쉽게 경험할 수 없는 숨 막히는 상황을 간접적으로 체험하게 해 주는 것이 매력적인 요소이다. 범죄, 거짓말, 복수 등 인간의 어두운 면을 탐구하면서 도덕적 질문도 던지게 되고, 사람들은 "만약 내가 이런 상황이라면?"을 고민하며 인간 본성에 대해 생각해 보게 된다.

 그럼, 미스터리 추리소설은 현실 세계에 어떤 도움을 될까? 우선 독자는 사건속의 단서들을 분석하고, 사건을 추리하면서 논리적 사고력을 키울 수 있다. 현실 세계에서도 복잡한 문제를 해결해야 할 때 추리적 사고가 유용하게 작용할 수 있다. 미스터리 추리소설을 읽다 보면 사소한 단서들이 중요한 의미나 암시를 내포하고 있음을 깨닫게 된다. 이는 현실에서도 사람들의 말이나 행동을 더 주의 깊게 살펴보는 능력을 길러 준다. 또, 미스터리 추리소설은 긴장감과 함께 불안, 두려움 같은 감정들을 안전한 환경에서 경험하게 해 줌으로써 주인공이 어려움을 해결하는 과정을 보며 대리 만족을 느끼고, 현실의 불안감을 해소하는 데 도움이 될 수 있다(영화도 이런 경험을 주지만, 좀 더 깊이 있게 생각해 볼 수 있는 시간적 여유를 주는 건 아무래도 책이다).

추리소설은 범죄와 정의, 진실과 거짓 등 도덕적 주제를 다루면서 독자로 하여금 윤리적 판단을 고민하게 한다. 그리고 그것은 현실에서 옳고 그름을 판단하는 도덕적 기준을 세우는 데 도움을 준다. 결국, 미스터리 추리소설은 단순한 오락거리를 넘어 논리적 사고, 감정적 성장, 도덕적 성찰 등 현실 세계에서도 유익한 영향을 미친다고 할 수 있다.

오늘 미스터리 추리소설 한 권 어떠세요?

책은 똑똑한 시민이 되는 길을 안내해 주는 길라잡이이다

《시민의 교양》, 채사장

📖 징검다리 독서

이 책은 현대 사회에서 살아가는 시민이라면 꼭 알아야 할 기본적인 지식과 통찰을 제공하는 교양서이다. 철학, 경제, 정치, 역사, 과학 등 다양한 분야의 핵심 개념을 쉽게 풀어 설명하며, 복잡한 사회를 이해하고 합리적인 사고를 할 수 있도록 돕는다.

"… 사회를 단순화했다. '시장의 자유'와 '정부의 개입'이라는 상반된 개념을 중심으로 세계를 구조화했다. 그리고 현실에서 마주치는 다양한 분야들, 즉 세금, 국가, 자유, 직업, 교육, 정의가 이러한 구조 속에서 어떻게 연결되는지를 설명했다. 이렇게 세상의 구조에 대해서 이해하는 능력을 우리는 '교양'이라고 부른다. 그래서 이 책의 제목이 '시민의 교양'이다. 시민의 합리적 선택을 위한 세상의 구조화가 이 책의 목적이다."

— 채사장, 《시민의 교양》 중에서

위의 내용처럼 저자는 세상을 '시장의 자유'와 '정부의 개입'으로 단순히 구분했다. 이것은 《지적 대화를 위한 넓고 얕은 지식》 1편의 생산수단의 유무로 보수와 진보를 구분한 시각과 똑같다. 우리가 현실의 삶 속에서 마주하는 거의 모든 부분들이 이러한 구조를 이해함으로써 설명된다. '보통 사람들을 위한 현실 인문학'이라는 부제가 이 책의 성격과 목적을 대변해 준다.

> 부와 성공으로 가는 생각

자신과 가족과 나라를 지키는 힘, 시민의 교양

 우리는 정치적으로는 민주주의 사회, 경제적으로는 자본주의 사회에서 산다. 시기마다 지방의회 의원, 지방 자치단체장 보궐선거와 국회의원, 대통령 등을 국민투표로 선출한다. 우리는 선거를 할 때 어떤 기준을 가지고 자신의 귀중한 한 표를 행사할까? 여기서 보수와 진보, 빨간색과 파란색의 색깔론, 어느 당을 지지한다거나 폄하하고 싶은 의도는 없다. 단지, 보수당을 찍어 놓고 '왜 기업들 법인세를 깎아 주나?'라고 불평한다거나, 진보당을 찍어 놓고 '왜 기업 규제를 많이 하지?'라는 말을 하는 것은 모순이라는 말이다. 정부의 정책을 단순하게 이분법적으로 구분하는 것은 무리가 있지만, 복잡한 이해관계와 사회구조를 접어 두더라도 시민으로서의 기본적 교양은 지닐 수 있도록 노력하자는 말이다(그래야 일부 정치인들에게 개돼지 소리는 듣지 않을 테니까).

 "나는 정치에 상관없어."라고 말하는 중립주의자, 무관심 회색주의자라 할지라도, 우리는 이 나라에 사는 한 정치와 경제 등의 문제에 무관할 수 없다. '기업가들이 왜 주식을 발행하는지?', '은행과 자본가들 간의 관계는?', '미국 연준(Fed)의 금리정책이 나의 아파트 대출이자에 어떤 영향을 미치는지?', '은행 대출을 받을 때 현시점에 고정금리와 변동금리 중 어떤 것이 유리할지?', '원 달러 환율이 나의 삼성전자 주가에 미치는 영향은?' 등등…. 《시민의 교양》을 읽으면 기본적으로 세상이 돌아가는 흐름에 대해 파악할 수 있는 능력이 생긴다. 그러면서 관심이 더 생기면 여러 경제독서로 연관지어 독서의 흐름(연관 독서)을 이어 나갈 수도 있다.

2020년 코로나로 경제가 어려워졌지만, '동학 개미운동'이라는 주식열풍이 불어 많은 사람들이 재테크와 투자에 대해 관심을 가지게 되었다. 비단 이런 재테크 문제가 아니더라도, 경제 뉴스와 금융시장 동향을 볼 때, 표면적 숫자로만 보는 것이 아니라, 정책 변화나 글로벌 경제 흐름 속에서 그 의미를 파악하는 연습이 필요하다. 그리고 특정 정당이나 언론의 편향된 정보가 아니라, 해당 정책의 실질적인 효과를 분석하는 태도가 중요하다. 정치 이슈를 감정이 아니라, 논리적으로 해석하는 것도 필요하다.

역사적 패턴을 읽는 능력도 필요한데, 1929년 대공황이나 2008년 금융위기를 공부해 보면, 앞으로의 경제 상황이나 금융시장이 어떻게 흘러갈 것인지를 예측해 볼 수 있고, 어떻게 대비해야 할지 감을 잡을 수 있다. 또, 과거 독재 정권의 실패 사례를 보면, 권력이 한쪽으로 집중될 때 어떤 문제가 생기는지 알 수 있다. 이를 바탕으로, 정치적 견해를 가질 때도 무조건적인 신뢰보다는 견제와 균형의 원리를 고려하는 것이 중요하다.

AI, 자동화, 빅데이터, 자율주행, 로봇 등이 발전하는 시대에 단순히 일자리를 뺏긴다는 공포가 아니라 어떤 변화가 올 것인가를 미리 예측하는 것도 필요하다. 과거 산업혁명 때도 기계가 등장하면서 일자리가 사라질 것이라는 두려움이 있었지만, 새로운 산업이 등장하면서 더 많은 기회가 생겼다. 마찬가지로 앞으로 다가올 변화에 대비하기 위해 평생 학습하는 태도와 자신의 직업 분야가 아닌 다른 분야에도 관심을 가져 보는 것이 중요하다.

독서를 통해 우리가 교양을 높일 때 자신을 지키고, 가족을 지키고, 나라를 지킬 수 있다.

크로노스(Chronos) vs 카이로스(Kairos)

《시간을 파는 상점》, 김선영

📖 **징검다리 독서**

　김선영 작가의 《시간을 파는 상점》은 주인공 '온조'가 '시간을 파는 상점'이라는 인터넷 카페를 운영하면서 벌어지는 이야기다. 온조는 어머니를 일찍 여의고 아버지와 단둘이 살면서, 어려운 형편 속에서도 밝고 성실하게 살아가는 중학생이다. 정신적, 육체적으로 고된 아르바이트를 하던 온조는 시간의 가치에 대해 고민하다 온라인 카페에 '시간을 파는 상점'을 열고 물리적인 시간을 사고파는 실험을 하게 된다.

　시간은 누구에게나 공평하게 주어지지만, 어떻게 사용하는가에 따라 삶이 달라진다. 이 책은 시간을 나눠 쓰고, 의미 있게 활용하는 것이 중요하다는 메시지를 전하며, 특히 청소년들에게 시간의 가치와 인간관계의 중요성을 생각해 보게 하는 작품이다.

💡 부와 성공으로 가는 생각

두 개념의 시간, 크로노스 vs 카이로스

크로노스(Chronos)와 카이로스(Kairos)는 시간을 의미하는 두 개념이다. 하지만, 그 의미와 쓰임은 각각 다르다. 크로노스는 객관적이고 연속적인 시간이다. 크로노스는 물리적으로 흐르는 '순차적인 시간'이며, 과거 → 현재 → 미래로 일정하게 흐르는 시간, 초, 분, 시처럼 측정 가능하고 객관적인 시간, 시계나 달력으로 관리되는 양적(수량적) 시간, 우리가 일상에서 사용하는 일반적인 시간 개념이다. '하루는 24시간이고, 1년은 365일이다', '회의가 2시간 후에 시작된다', '시험까지 10일 남았다' 등의 문장에 내포되어 있는 시간 개념이다.

반면 카이로스는 질적인 의미의 시간을 말하며, 그 정의는 어떤 특별한 순간이나 적절한 타이밍이다. 특징은 단순한 시간의 흐름이 아니라, 어떤 일이 일어나기에 가장 적절한 순간이다. 크로노스가 '수량적'이라면, 카이로스는 '질적'이다. 사람이 느끼는 느낌과 경험으로 인식되는 시간이며 종교, 철학, 예술 등에서 많이 사용된다. '지금이 결단을 내릴 최적의 순간이다', '그 사람을 만난 건 내 인생의 최고의 순간이었다', '사업을 시작하기에 완벽한 기회다' 등의 문장에 내포되어 있는 시간개념이다.

고대 그리스에서는 크로노스를 물리적인 시간으로, 카이로스를 운명적인 기회로 여겼다. 성경에서도 카이로스는 '신의 때(God's timing)'를 의미하며, 어떤 일이 일어나야 할 최적의 시기를 뜻한다. 현대에서는 크로노스는 관리해야 할 시간, 카이로스는 놓치면 안 되는 기회라는 의미로 자주 사용된다.

결론적으로 말해, 크로노스는 우리가 흔히 알고 있는 '흘러가는 시간'이고, 카이로스는 '특별한 순간'이다. 인생에서 크로노스를 효율적으로 관리하는 것도 중요하지만, 카이로스를 잘 포착하는 것이 더 의미 있는 삶으로 이어질 수 있다.

> "삶은 함께하고 싶은 사람과 함께하고 싶지 않은 사람 사이의 전쟁과도 같다."
>
> — 김선영, 《시간을 파는 상점》 중에서

원하는 사람과 원하는 시간에 원하는 장소에서 원하는 만큼 원하는 것을 하려면, **우리는 크로노스를 악착같이 잘 보내야 한다. 그래야 더 의미 있는 카이로스를 잡을 수 있다.**

우리도 유튜브 채널을 한번 저질러 봅시다

《유튜브 젊은 부자들》, 김도윤

📖 징검다리 독서

　김도윤 작가의 《유튜브 젊은 부자들》은 유튜브라는 플랫폼을 통해 부를 창출한 23인의 젊은 유튜버들의 성공 노하우를 담은 책이다. 이 책은 유튜브를 새로운 '부의 추월차선'으로 소개하며, 누구나 스마트폰만 있으면 시작할 수 있다는 가능성을 강조한다.

　이 책은 유튜브가 단순한 취미가 아니라, 부를 창출할 수 있는 진지한 비즈니스 플랫폼이라 강조한다. 성공한 유튜버들의 사례를 통해 콘텐츠 제작, 수익화 전략, 그리고 지속 가능한 성장을 위한 핵심 요소를 배우고 실행할 수 있도록 도와준다. 즉, 유튜브를 제대로 활용하면 경제적 자유로 가는 길을 열 수 있다는 것이 이 책의 핵심 메시지이다. 성공한 유튜버들의 사례를 통해 누구나 열정과 노력을 기울이면 원하는 삶을 살 수 있다. 도전 정신과 실천이 중요하다.

> 💡 **부와 성공으로 가는 생각**

"유튜브 – 완벽한 준비보다 일단 실행하는 것이 중요"
자신이 지속할 수 있는 콘텐츠 찾기

　유튜브는 하나의 도구일 뿐이고, 핵심은 디지털 자산을 만들어 지속적인 수익을 창출하는 것이다. 유튜브 외에도 블로그, 뉴스레터, 팟캐스트, SNS 등을 활용해 멀티 플랫폼 전략을 구사할 수 있다. 유튜브 수익뿐만 아니라, 온라인 강의, 전자책, 구독 서비스 등으로 수익원을 다각화할 수 있고, 시간이 지나도 지속적으로 수익이 발생하는 구조(파이프라인 구축)가 가능하다. 과거에는 부자가 되려면 부동산, 사업, 주식이 필수적이었지만, 이제는 콘텐츠 크리에이션도 강력한 방법이 되었다. 자본보다는 창의력과 실행력이 핵심 경쟁력이 되는 시대이다. 본업과 병행하며 사이드 프로젝트로 시작할 수도 있다.
　유튜브로 성공한 사람들은 단순한 크리에이터가 아니라 자신만의 브랜드를 구축한 사람들이다. 단순한 '유튜버'가 아니라, 내 이름 자체가 브랜드가 될 수 있도록 방향성을 설정해야 한다. 사람들은 정보뿐만 아니라 스토리와 신뢰에 기반해 콘텐츠를 소비하길 좋아한다. 강력한 브랜드는 유튜브뿐만 아니라, 책 출간, 강연, 협업, 비즈니스 등으로 확장 가능하다.
　요즘 MZ 세대들은 더 이상 안정적인 직장을 목표로 삼지 않는 세대이다. 고용의 안정보다 경제적 자유를 우선시하는 트렌드이다. 직장에서 한 가지 일만 하는 시대가 아닌, 여러 개의 직업(멀티잡, 파이어족, 폴리매스)을 갖는 시대이다. 본업 외에도 부업을 통해 독립도 가능하다. 유튜브는 기존의 TV, 신문, 라디오 등을 대체하는 거대한 플랫폼이 되었다. 현대는 텍스트보다 영상 소비가 증가하는 흐름이다. 1인 미디어가 부상하고 있다. 다수의 연예인들도 요즘은 방송 출연보다 개인 유튜브 채널을 운영하기 바쁘다.

유튜브 크리에이터가 되기 위해서는 '완벽한 준비보다 일단 실행하는 것'이 중요하다. 유튜브를 시작한 대부분의 사람들은 처음부터 완벽하지 않았다. 콘텐츠의 퀄리티보다 지속성과 개선하는 태도가 성공의 핵심이다. 자신이 지속해서 할 수 있는 콘텐츠를 찾고 거기에 자신의 브랜드를 입히는 것이 중요하다.

자신의 분야에서 한 가지 일에만 집중하는 것은 이제 너무나 위험한 일이 되었다. 이제 부를 창출할 수 있는 방식이 바뀌고 있다. 자신의 컴포트 존(Comfort Zone), 안전한 지대에서 벗어나려 발버둥 쳐야 한다. 지속적인 독서를 통해 뇌를 재배선하며, 실패를 두려워하지 말고 성실함과 창의력, 실행력으로 자신만의 유튜브 채널을 한번 저질러(?) 보길 바란다.

복잡한 인간관계의 문학을 읽어야 하는 이유
《가을에 온 여인》, 박경리

📖 징검다리 독서

박경리의 장편소설 《가을에 온 여인》은 인간의 본성과 내면을 탐구하여, 사랑과 욕망, 그리고 그로 인한 비극을 다루고 있다. 이 작품은 시대와 국경을 초월하여 인간이 가지는 본성과 내면을 그리고 있다. 이는 박경리 작가의 이전 작품들 《토지》, 《김약국의 딸들》 등과는 다른 접근으로 인간의 본능과 욕망, 그리고 그로 인한 갈등을 심도 있게 묘사하고 있다.

「가을에 온 여인의 인물 관계도」

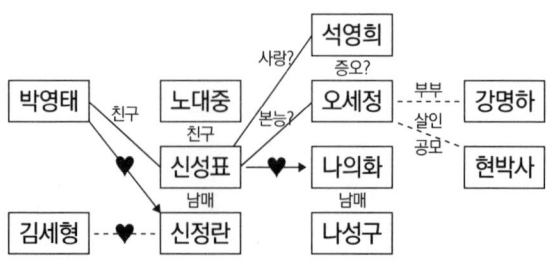

부와 성공으로 가는 생각

우리 삶의 관계도를 그릴 수 있게 하는 문학

　문학은 인간의 감정을 단순화하지 않고, 오히려 독자가 이해하기 쉽지 않게 모호하고 복합적으로 그려 낸다. 인간의 심리를 탐구하는 문학 작품을 읽으면, 우리는 스스로의 감정을 더 깊이 이해할 수 있다. 비극적 인물의 심리를 들여다보면서, 우리는 그들의 선택을 통해 자신의 삶을 반추해 볼 수 있다.

　문학은 인간의 감정을 깊이 탐구하고, 우리가 직접 경험하지 못한 감정을 간접적으로 체험할 수 있도록 해 준다. 문학 작품 속 인물들의 감정을 통해 우리는 자신의 감정을 투영하고 이해할 수 있다. 이 문학 작품이 감정의 거울 역할을 하는 것이다. 또한 사랑이나 분노, 후회 등의 여러 가지 감정들이 문학 속에서 섬세하게 묘사되면서, 우리가 느끼기는 하지만 쉽게 표현하기 어려운 감정들을 이해하는 데 도움을 준다. 소설 속 주인공의 입장에서 다른 사람의 감정을 이해하고, 현실에서 더 깊이 공감할 수 있는 능력을 기를 수 있다. 그러므로 문학은 단순한 오락거리가 아니라, 인간이 본능적으로 가지고 있는 감정의 흐름을 탐구하고, 이를 언어로 구조화하여 공유하는 하나의 도구이다.

　복잡한 인간관계가 그려져 있는 소설을 읽고 나면, 꼭 위와 같이 '인물 관계도'를 한번 그려 보길 바란다. 그러면, 지금 현재 우리의 삶의 관계도도 자연스레 그려 볼 수 있을 것이다. 그러므로 우리는 복잡한 인간관계의 문학을 필히 읽어야 한다.

"사람은 사람과 사람의 거리 속에서 살고 있고, 그 거리로 하여 좋게도 나쁘게도 오해하며 살고 있는 것이다. 그러나 가령 그 거리가 서로 다가섬으로써 제거되었다 할지라도 그것이 꼭 같은 영혼의 합치라 볼 수는 없는 일이 아닌가. 합칠 수 있는 영혼이 각기 궤도를 달리하고 있는가 하면 합쳐진 영혼이 다 이질적인 경우도 있다. 그것이 대부분의 인간의 관계다."

- 박경리, 《가을에 온 여인》 중에서

미국 월배당 ETF 공부하기
《나는 미국 월배당 ETF로 40대에 은퇴한다》, 최영민

📖 징검다리 독서

　이 책은 미국 월배당 ETF를 활용해 경제적 자유를 달성하는 방법을 설명하는 실전 재테크 가이드다. ETF란? 'Exchange Traded Fund'의 약자로 주식처럼 거래되지만, 여러 종목으로 구성된 펀드를 말한다. 종목을 구성할 때 ETF를 만드는 증권회사에서 여러 기준과 방법, 투자할 기업들의 유사성과 연관성 등을 가지고 종목을 구성하는데 그것을 로직(Logic)이라고 말한다.
　저자 최영민은 직장 생활을 하면서 월급만으로는 원하는 삶을 살기 어렵다고 깨닫고, 미국 월배당 ETF를 활용한 배당소득 기반의 조기 은퇴 전략을 세운다. 책에서는 구체적인 투자 전략, ETF 선택 방법, 배당 재투자 원칙 등을 다루며, 누구나 실천할 수 있는 현실적인 은퇴 로드맵을 제시한다.

[미국 배당 ETF 요약(12종목)]

티커(종목)	지수 추종		배당 성장	리츠	
	SPY	QQQ	SCHD	O	VNQ
현재가격	$534.01	$426.96	$77.89	$53.32	$82.96
상장일	1993. 1. 22.	1999. 3. 10.	2011. 10. 20.	1994. 10. 18.	2004. 9. 23.
운용사	스테이트 스트리트	인베스코	찰스 스왑	부동산투자 신탁회사	뱅가드
시가배당률	1.19%	0.05%	3.13%	5.91%	3.5%
1년 배당률 (TTM)	1.26%	0.52%	3.43%	5.78%	4.16%
운용자산	$5,336억 (694조 원)	$2,737억 (356조 원)	$547억 (71조 원)	$459억 (60조 원)	$614억 (80조 원)
운용보수	0.09%	0.20%	0.06%	없음 (개별주식)	0.13%
배당주기	분기배당			월배당	분기배당
수익률(1년)	27.01%	33.61%	11.60%	-8.39%	2.48%
수익률(5년)	101.19%	164.53%	75.23%	-4.46%	11.32%
수익률(10년)	227.06%	442.00%	177.06%	97.94%	61.29%

	커버드콜					채권	
	고배당 (주가지수 추종)			초고배당 (개별주식 추종)		지수 추종	커버드콜
티커(종목)	JEPI	JEPQ	QYLD	NVDY	APLY	TLT	TLTW
현재가격	$56.52	$54.49	$17.73	$28.82	$17.45	$91.50	$25.47
상장일	2020. 5. 20.	2022. 5. 3.	2013. 12. 12.	2023. 5. 10.		2022. 7. 22.	2022. 8. 18.
운용사	JP모건		글로벌 엑스	타이달 인베스트먼트		블랙록	
시가배당률	7.64%	9.90%	11.05%	107.61%	27.80%	3.97%	11.51%
1년 배당률 (TTM)	7.37%	8.74%	11.64%	47.73%	27.55%	3.83%	17.37%
운용자산	$335억 (44조 원)	$141억 (18조 원)	$82억 (11조 원)	$6.1억 (7,900억 원)	$6,820만 (890억 원)	$492억 (64조 원)	$8.6억 (1조 원)
운용보수	0.35%	0.35%	0.61%	1.01%	1.06%	0.15%	0.35%
배당주기	월배당						
수익률(1년)	12.00%	27.23%	12.59%	135.34%	6.95%	-5.79%	-9.03%
수익률(5년)	-	-	42.05%	-	-	-21.96%	-
수익률(10년)	-	-	104.31%	-	-	4.75%	-

- 수익률: 받은 배당금을 재투자한 수익률(Total Return)
- 기준일: 2024년 6월 7일, 환율:1,300원 가정
  (참고: seeking alpha, dividend.com)

부와 성공으로 가는 생각

배당에 관심 있는 분들이라면 꼭 읽어 볼 만한 책

　배당에 관심 있는 분들은 읽어 볼 만한 미국 배당 ETF에 관한 책이다. 하지만, 이 책에는 다소 공격적인 배당 ETF 투자전략도 포함되어 있다. 이 책의 부제목처럼 7천만 원으로 월 2백만 원의 배당을 받으려면 30% 배당률의 초위험 커버드콜 배당 ETF 상품에 투자해야 한다. 그러니, 성급하게 그대로 따라 하지 마시고, 이 책에 소개된 ETF 상품들을 충분히 공부해 보시고, 본인에게 맞는 상품으로 투자해 보시는 게 나을 거라 판단된다.

　자본이 있는 사람이야 거치식으로 배당 ETF를 사 놓고 매월 현금흐름을 만들어 조기 은퇴도 가능할 것이다. 책의 저자처럼 대기업에서 몇십 년을 일한 사람은 거치식 투자가 가능하겠지만, 보통의 평범한 사람들은 조금은 비현실적이고 너무 리스크가 큰 투자 방식으로 다가올 수 있다. 저자가 실제 행동한 글의 내용도 있지만, 사람들의 도파민을 분출시키고 흥미를 집중시키는 소재의 책이라 말할 수도 있겠다.

나의 선택, 배당주 투자

　참고로 나는 이 책을 읽고, 많은 미국 배당 ETF 관련 유튜브 영상을 보면서 가능성을 타진했고, 과연 내가 은퇴 시까지 꾸준히 할 수 있는 투자가 무엇일까를 고민했다. 그리고 한국 주식 개별주 투자를 멈추고, SCHD와 JEPI 반반투자를 내가 사업을 할 수 있는 날까지 모아 가기로 결심했다. 그 이유는 우선, 나는 주가의 저점과 고점을 잡을 수가 없다. 나 자신의 통제범위 밖에 있는 일이라 너무 정신적, 육체적으로 힘든 시나리오이다. 물론 주식에서 조금의 이익은 볼 수 있다(실제 쪼끔 이익을 본 적도 있다). 하지만, 이익을 보았던 그 방식이 두 번, 세 번 통한다는 것을 느꼈을 때 우린 이미 우리의 큰 자산을 빡빡 끌어모아 그 방식대로 매수 버튼을 누른 상황일 수도 있을 것이다. 내가 하고 싶은 얘기는 100% 확신하지 말자라는 것이다. 내가 틀릴 수도 있다. 이전에 통했던 그 방식 때문에 우리의 소중한 자산을 하루아침에 잃을 수도 있다. 우리는 우리가 모르는 것을 모른다. 메타 인지력 발휘가 꼭 필요하다.

  모두가 장기 투자가 답이라고 하는데, '샀다 팔았다'를 반복하면서 '상승과 하락'을 반복하면서, 10~20년 긴 세월을 끌고 간다는 것은 말로는 쉽지만 행동으로 이어지기엔 너무나 힘들고 본능을 이겨 내야 하는 일이다. 건강이 나빠질 수 있다. 그 시간에 나는 열심히 공부한 배당 ETF 몇 개 투자해 놓고 나가서 운동하기로 했다. 내가 좋아하는 사람들이랑 식사하러 갈 것이다.

  빅터 플랭크 교수의 《죽음의 수용소에서》라는 책에 보면, 나치들이 유대인들의 삶의 의미를 잃어버리게 만들기 위해 쓴 전략이 바로 그들의 통제력을 상실하게 만든 것이라고 한다. 나는 내가 꾸준히 할 수 있고, 내가 통제권을 가지고 해 나갈 수 있는 것이 무엇일까를 고민했다. 물론 나의 생각이 틀릴 수도 있다. 모두의 생각은 다를 수 있으니 꼭 각자가 공부해 보시기 바란다.

* 이 책은 투자를 권유하는 책이 아니고, 모든 투자의 책임은 본인에게 있음을 말씀드립니다(어디서 많이 듣던 얘긴데…).

당신은 당신의 삶에서 무엇을 기대했나?
《스토너》, 존 윌리엄스

📖 징검다리 독서

주인공 윌리엄 스토너는 가난한 농부의 아들로 태어나 농사기술을 배우러 미주리주 대학교에 농업을 공부하러 가지만, 2학년 때 문학에 매료되어 전공을 바꾼다. 그의 부모들도 그의 선택을 존중하고, 결국 그는 대학에 남아 영문학을 가르치는 교수로 일하게 된다. 하지만 그의 인생은 화려하거나 특별하지 않다. 결혼 생활은 불행하고, 학계에서는 인정을 받지 못하며, 직장 내에서 적잖은 갈등을 겪지만 그는 묵묵히 자신의 길을 걸어간다.

한때 열정적인 사랑을 경험하지만 주위에 소문이 퍼지게 되어 결국 헤어지게 된다. 직장에서 소외되고, 가족과의 관계도 소원해진다. 그러나 그는 생의 마지막 순간까지 문학을 향한 애정을 잃지 않고, 조용히 생을 마감한다. 스토너의 인생은 겉으로 보면 실패한 인생처럼 보인다. 하지만, 그는 자신의 삶에 순응하며, 문학을 끝까지 사랑한다.

겉으로 보기에 화려한 인생이 아니어도 조용한 헌신과 열정, 내면의 충실함이 중요하다는 메시지를 던져 주는 작품이라 할 수 있다.

부와 성공으로 가는 생각

참을성 많은 소설, 인내심 강한 주인공

 '세월의 뒤안길에서 돌아와 거울 앞에 선 누이 같은 소설.' 이 소설을 번역한 김승욱 님께서 이 소설을 한 문장으로 표현한 내용이다. 오랫동안 주목받지 못하다가 사람들에게 발견되어 인기를 끈 소설이라는 점과 소설 속에 화려한 문장이나 수식이 존재하지 않는다는 점, 그리고 읽고 나면 뭔가 애잔해져 잠시 생각하며 앉아 있고 싶은 소설이라는 점에서 번역가님은 이렇게 표현하신 것 같다.

 1965년에 출판된 후, 거의 50년이 흐른 후에 이상하게도 미국이 아닌 유럽에서 베스트셀러가 된 책이다. 이 책의 주인공만큼이나 인내심이 대단한 소설이라고 할 수 있겠다. 이 소설의 주인공인 윌리엄 스토너는 한편으로 보면 성공한 사람보다 실패한 사람에 가깝다. 학자로서 명성을 날리지도 못했고, 교육자로서 학생들에게 인정도 받지 못했고, 가정생활도 원만하지 않았고, 사랑하는 사람도 떠나보냈다. 선하고 참을성 많은 사람이었을지는 몰라도 현명한 사람이 아니었다.

 21세기 한국의 도파민 뿜뿜의 스토리에 익숙한 우리는 이 소설을 읽을 때 답답함을 느낄 것이다. 왜 맨날 지고 살아가나? 사랑하는 사람들에게 더 많은 것을 주지 못하고 지켜 내지 못하는가? 그가 죽음을 앞둔 병상에서 되뇌고 되뇌었던 말, "당신은 무엇을 기대했나?"

감사, 자족, 소박한 삶도 꽤 의미 있다

현대 사회는 언제나 '더 나은 것'을 추구하며 살아가라고 한다. 더 좋은 대학, 더 좋은 직장, 더 좋은 아파트, 더 좋은 차…. 자기계발 중독, 도파민 중독, 스펙에 중독된 삶에 우린 녹다운 될 때가 많다. 번아웃 증후군이 만연하다. 《하마터면 열심히 살 뻔했다》라는 책 제목을 본 적도 있다. '요즘 세태를 표현한 것이 아닐까?'라는 서글픈 생각이 든다. 우린 가끔 복잡한 인간관계에 치여 외로움을 느끼는 순간도 많다.

난 매일 아침 집 근처 산책길을 걷는다. 겨울이 가고 선선한 봄 날씨에 꽃망울이 올라오는 것을 보면, 왠지 눈시울이 붉어져 올 때가 있다. 주위에 사람은 많은데 외롭고, 살고는 있는데 살기는 힘들다. 돈은 버는데 돈이 없다. 하버드 대학 생활을 버리고 몇 년을 월든 호숫가에서 오두막을 짓고 수렵과 채집, 자연인의 삶을 산 헨리 데이빗 소로우의 삶도 떠오른다. 자족하고 가지지 못한 것보다 가진 것에 감사하며, 소박하게 살아가는 것도 꽤, 충분히 의미 있는 삶이라 생각한다.

"당신은 무엇을 기대했나?"
삶은 우리가 생각하는 것대로 되지 않을 때가 더 많다.

부모, 교사, 리더들이 가슴에 새겨야 할 문신 독서
《놀라움의 힘》, 마이클 루셀

📖 징검다리 독서

이 책의 저자인 마이클 루셀은 '놀라움(Surprise)'이 인간의 사고와 행동을 변화시키는 강력한 힘이라고 주장한다. 그는 최면(hypnosis)에 관심을 가지면서 이 놀라움이 주는 힘과 놀라움이 사람의 뇌, 믿음, 심리에 미치는 매커니즘을 오랜 기간 연구했다. 그는 심리학과 신경과학 연구를 바탕으로 놀라움이 사람에게 어떻게 작용하는지 설명하며, 이를 교육 분야 및 사회 여러 분야에 긍정적이고 효과적으로 활용하는 방법을 제시한다.

이 책이 주는 메시지는 '놀라움을 두려워하지 말고 활용하라'는 것과 '타인에게 긍정적인 놀라움을 만들어 선사하라'는 것, '놀라움의 상황을 삶의 순간에 활용하면 더 창의적이고 유연한 사고를 가지게 할 수 있다'라는 것이다.

부와 성공으로 가는 생각

우리의 기존 편향과 믿음을 전복시킬 말 한마디와 행동의 파워
"놀라움의 힘"도 선순환이다

　이 책은 내가 존경하는 상상 스퀘어의 신영준 박사님이 추천해 주신 필독서로, 그분은 유튜브 채널에서 늘 책을 권하고 풀어서 특강도 해 주신다. 매번 너무나 열정적으로 피를 토하는 심정으로 권하시는 모습에 항상 눈시울이 붉어질 때가 많다. 물론 그분은 몇천 권의 책을 읽으신 독서의 고수시다. 이 책 《놀라움의 힘》도 신 박사님의 특강 영상을 통해 알게 되었고, 앞으로 소개할 《강인함의 힘》, 《유연함의 힘》, 《퓨처 셀프》와 연계해서 읽으시면 그 효과는 엄청날 거라 확신한다. 우리는 일생에 한 번은 최면에 걸려야 성공할 수 있다.

　놀라움의 힘을 요약하자면, '그동안 우리가 가졌던 믿음을 전복시키는 것'이고, '회피를 유도하는 부정적인 감정가를 접근을 유도하는 긍정적인 감정가로 바꾸어 놓는 것'이다. 우리 안에 내재된 접근, 회피 같은 과정은 경험과 결합해서 믿음을 형성하는데, 이러한 믿음은 자동으로 우리에게 무의적으로 영향을 미친다. 사람들은 믿음이 먼저 형성되고 그 믿음을 정당화시킬 증거를 찾는다. 정당한 증거가 있을 때 믿는 것 같지만, 실상은 그 반대이다. 여기서 편향이라는 개념을 생각해 볼 수 있는데, 편향은 사람의 직립보행과 같다. 네발로 기어다니는 사람이 없듯 편향은 사람이면 누구나 가질 수밖에 없는 것이다. 하지만 편향이 부정적이지만은 않다. 긍정적인 면도 존재한다. 우리가 늘 가져야 할 편향이라면 좋은 쪽으로의 편향을 가지는 게 낫지 않을까?

누군가에 믿음을 심어 주고 긍정적인 편향을 심어 주는 사소한 말 한마디가 소중한 시절이다. 누군가에게 놀라움의 힘을 선물하기 위해서는 특별히 우린 맑은 영혼을 가진 소유자여야 한다. 내 마음이 부정적이고 분노로 가득 차 있는데 어떻게 놀라움의 멘트를 구사할 수 있겠는가? 부모든 교사든 상사든 리더든 최상의 평정심의 상태에서 누군가를 최고의 감정으로 대할 수 있어야 그런 힘을 가질 수 있다.

요즘, 아동학대가 사회적으로 문제이다. 아동학대가 (주요 원인이긴 하지만) 그저 부모의 정신적, 심리적 문제 때문에 발생하지는 않는다. 사회적 문제 특히, 부모의 경제적 결핍에서 오는 경우도 많다. 미래가 불확실하고 살아남아야 하는 사회, 가족을 위해 무언가 하기 싫은 것을 참고 견뎌야 하는 사회에서는 놀라움의 힘을 발휘하기가 힘들다. 아동학대 문제뿐만 아니라, 직장도 마찬가지이지 않을까? 가족의 생계를 위해 상사의 갑질을 이기고 견뎌야 하는 직장인이 접근을 유도하는 긍정적인 감정가를 가진 놀라움을 선사하는 언어를 구사하기란 쉽지 않다.

놀라움의 힘도 선순환이다. 칭찬 잘하는 사람이 또 칭찬을 한다. 우리의 기존 편향과 믿음을 전복시킬 말 한 마디, 행동 하나가 싹을 틔우고 그 씨앗이 자라 열매를 맺고 또 다른 곳에 씨를 뿌린다.

당신은 어디에 무엇에 최면이 걸려 살아가고 있는가? "미치지 않으면 미칠 수 없다."라는 말이 있다. 어딘가에 미친 듯이 몰입하지 못하면, 높은 수준에 이를 수 없다는 의미다. 늘 꾸준한 독서를 통해 부정적 편향에서 탈피하도록 노력하고 뇌의 재배선을 통해 평정심을 유지하기를 힘써, 우리 가족과 주위 사람들(고객들)에게 놀라움의 힘을 가진 기운을 전하는 겸손하고 유연하고 강인함을 겸비한 작지만 큰 자가 되도록 노력하자. 그럼 부와 성공은 당연히 당신을 따라올 것이다.

"자신의 어떤 특성이 부정적인 결과를 낳는다고 확신할 때, 권위 있는 누군가가 반대로 긍정적인 결과를 낳을 수 있다고 확신하면 놀랄 수밖에 없다."

- 마이클 루셀, 《놀라움의 힘》 중에서

자신의 결점을 자산으로 만들어 주는(둔갑시켜 주는) 권위자를 만났을 때, 그 결점은 우리에게 또 다른 의미가 되고 레버리지가 된다. 더 이상 결점이 아닌 것이다. 그리고 그 귀중한 경험은 결점으로 신음하고 있는 누군가에게 '밀양'이 된다!

※ 밀양(密陽): 비밀스러운 볕

언어의 수준이 삶의 수준을 결정한다
《내 언어의 한계는 내 세계의 한계이다》, 김종원

📖 징검다리 독서

"내 언어의 한계는 내 세계의 한계이다."라는 말은 독일의 철학자 비트겐슈타인이 한 말로써, 이 책은 비트겐슈타인의 글과 문장을 김종원 작가가 깊이 있는 성찰과 수려한 문장으로 풀어 냈다. 내용의 깊이가 깊고, 한 이야기의 끝부분마다 필사할 문장을 제공해 책을 필사와 함께 깊이 있게 새겨 가며 읽고 싶으신 분들에게 추천할 만한 책이다.

우리가 사용하는 언어가 곧 우리의 세계를 형성하며, 더 나은 삶을 위해서는 풍부하고 정교한 언어를 익혀야 한다고 주장한다. 이를 위해 다양한 사례와 철학적 사고를 통해 언어의 중요성을 탐구하며, 독자들이 스스로 언어를 확장하고 사고의 깊이를 더할 수 있도록 돕는다.

부와 성공으로 가는 생각

나를 이끌어 갈 언어,
나를 보듬고 갈 언어,
성공한 미래로 나를 인도해 나갈 언어

　요즘 현대 사회는 SNS와 인터넷의 발달로 인해 우리의 언어 사용 방식이 급격히 변하고 있다. 만나서 얘기를 하기보다는 문자나 카카오톡의 사용 빈도가 높기 때문에, 요즘에는 길고 복잡한 언어보다는 짧고 단순한 언어를 더 많이 쓴다. 요즘 MZ 세대들은 속도를 중요시하기 때문에 발음이 비슷한 글자나 자음을 줄이거나 새로운 조어를 만들어 빠르고 간결하게 소통하는 경향이 강하다. 'ㄱㄱ: 고고(빨리 가자, 시작하자)', '갑분싸: 갑자기 분위기 싸해짐', '노답: No+답(답이 없다)', '현생: 현실 생활', '킹받네: King+화가 난다(매우 화가 난다)' 등 많은 축약어(신조어)가 있다.

　이러한 환경에서 깊이 있는 사고와 언어 표현을 유지하는 방법은 무엇일까? 먼저, SNS에서도 생각을 정리하여 표현한다거나 짧은 글을 쓰더라도 의미 있는 단어를 선택하며, 자신의 감정이나 생각을 명확하게 표현하는 연습을 하는 것이 좋다. 예를 들면, 카톡에서 단순한 감탄사 대신 핵심 메시지를 담은 문장을 쓰는 습관을 기른다. 다음으로는 디지털 환경에서도 긴 글을 소비하는 습관을 가지도록 노력한다. 요약된 뉴스보다는 원문을 읽고 깊이 있는 글을 탐색하려 한다.

SNS가 오면 즉각적으로 답장을 보내기보다는 한 번 더 생각한 후 숙고하여 자신의 정확한 의견을 표현하는 언어 습관을 갖는 것이 중요하다. 사업장을 운영하다 보면, 고객과 통화보다는 문자로 대화하는 경우가 많은데, 이때 나는 불필요한 오해가 생기지 않도록 바로 답문을 보내기보다 시간적인 여유를 갖고, 최대한 공손하고 간결하며 정확하게 보내려고 노력한다. 이렇게 사람 간의 오해 없는 기분 좋은 대화와 소통, 그리고 거기에 사용되는 언어의 수준을 높이는 것은 매우 중요한 일이다.

또한, 사람 간의 대화도 중요하지만, 나 자신과의 대화도 부와 성공으로 가기 위해서는 꼭 필요한 일이 아닐 수 없다. 나는 책상 앞에 '아침 긍정 확언' 9가지를 붙여 놓고 매일 아침 긍정 확언을 외친다. **그것은 나를 이끌어 갈 언어이고, 나를 보듬고 갈 언어이기 때문이다. 그것은 성공한 미래로 나를 인도해 나갈 언어인 것이다.**

"말 한마디로 천 냥 빚을 갚는다."라는 속담이 있다. 나는 천 냥이 아니라 만 냥도 갚을 수 있다고 생각한다. 언어의 수준이 삶의 수준을 결정한다. **누군가에게 또는 나 자신에게 하는 농밀하고 세련미 넘치는 언어가 우리를 부와 성공으로 이끌 것을 확신한다.**

"인간이 나이가 든다는 건, 자신의 언어를 정밀하게 세련화하는 과정이다."

— 비트겐슈타인

나는 오십의 삶이 너무나 재미있다
《오십, 나는 재미있게 살기로 했다》, 이서원

📖 **징검다리 독서**

이 책은 수많은 사람을 상담하며 내담자들과 같이 고민을 나누고 얘기하면서 배운 삶의 지혜들을 저자의 전문성과 경험적 삶의 교훈들과 함께 따뜻한 글로 풀어 낸 지혜가 많이 담긴 오십 이후의 삶을 준비하는 독자들을 위한 수필집이다.

오십 이전의 삶이 남을 위해 살아온 삶이었다면, 오십 이후의 삶은 온전히 자기 자신을 위해 사는 삶이다. 몸의 시대가 저물고 마음의 시대가 열린다고 오십이란 나이를 해석하면 오십은 눈이 부시게 아름다운 숫자이다. 몸보다 마음의 건강으로 사는 나이 오십. 봄에 피는 꽃들도 순서가 있듯이 성급하지 않게 자신의 자리를 지켜며, 삶에서 비교를 빼고 이제부터 나의 기준으로 산다.

💡 부와 성공으로 가는 생각

남부럽지 않게 살지 않고, 나 부럽지 않게 사는 삶

　사람들은 보통 남들에게는 관대하지만, 자기 자신에게는 엄격하다. 그래야 성공을 위해 한 발 더 다가가는 느낌이고, 뭔가 쉼을 가질라치면 뭔가가 불안해진다. 자기계발의 중독시대이다. 그러나 나 자신에게 관대하고 내 몸에 친절해야 가족과 타인에게도 관대할 수 있다. 내 몸과 정신이 강건해야 내가 사랑하는 가족들과 주위 분들에게 최상의 언어와 행동을 할 수 있다.

　성공 중독의 시대. 손에 잡히지 않는 누군가가 만들어 놓은 성공의 수준과 틀, 방법 안에서 자신의 몸과 마음을 스스로 옥죄며 우리는 지금의 행복을 잠시 미루어 내일을 위해 지금을 희생한다. 나는 어릴 때 어른들로부터 "남부럽지 않게 살아야 한다."라는 말을 많이 듣고 자랐다. 늘 행복의 기준은 나보다는 남이 기준이었다. 나의 행복 기준이 중요하다. 삶에서 비교를 덜어 내자.

　오십. 이제까지는 몸의 건강으로 살아왔다면, 지금부턴 마음의 건강으로 살아갈 나이다. 나는 오십이라는 나이가 늦음과 늙음을 의미한다고 생각했다. 열심히 살긴 했는데, 왠지 아무것도 해 놓은 게 없다는 생각을 자주 했다. 근데, 이 책을 읽으면서 저자의 삶과 선택이 너무나 멋지다는 생각이 들었다.

　나는 8년 만에 퇴사하여, 좋아하던 음악을 하며 가르치기 위해 실용 음악 학원을 오픈했다. 그리고 더욱 넓은 세상을 경험하기 위해 미국 유학을 결행했다. 가만히 생각해 보면, 나는 도전하는 것을 좋아했고, 힘든 경제적 상황과 여건 속에서도 그것들을 이루어 냈다. 그리고 작가로서의 꿈을 이루기 위해 열심히 책을 읽고 틈 나는 대로 글을 쓰고 있다. 수필집 1권과 드럼 교재 1권을 썼고, 지금 이렇게 《부와 성공으로 가는 징검다리 독서》라는 책을 또 열심히 쓰고 있다. 노년을 위해 투자 공부도 열심히 하고 있다. 나의 직업은 실용음악학원 원장, 작가, 투자자 모두 세 가지이다. 나는 내가 원하는 걸 선택했고, 이루었고, 이루어 나가고 있다.

남부럽지 않게 살지 않고, 나 부럽지 않게 살련다. 좋은 일에 으스대지 않고, 안 좋은 일에 절망하지 마라. 비관적 낙관주의자(합리적 낙관주의자)로 살아가자.

인생은 태어나면서부터 힘든 것이다. 삶의 힘듦을 인정하되 희망을 갖고 지혜롭게 타인에게 도움이 되도록 살아가는 삶을 살자. 지금이 고통스러워야 한다는 개소리(너무 강한 표현을 쓴 점 양해 부탁)는 집어치워라. 우리는 지금껏 근대 평균적 민주시민 양성을 위한 체면 교육을 받았다. 지금 이 순간 행복을 선택하라. 남을 위하면 행복해진다. 호두 껍질처럼 똘똘 뭉친 나 자신으로 살아가는 오십 이후의 삶을 살아가련다.

"좋은 일에도 과하게 기뻐하지 않는다. 좋은 일이 잠시 머물다 떠날 것임을 알고 이후에 힘든 일이 올 수도 있음을 알아서다. 그래서 나쁜 일에도 지나치게 낙담하지 않는다. 시간이 지나면 어쨌든 해결될 것이고 삶에 필요한 배움 하나를 건질 것이기 때문이다."

　　　　　　　- 이서원, 《오십, 나는 재미있게 살기로 했다》 중에서

맑은 정신과 최상의 성품으로
가족과 소중한 인연들을 대하는 법

《당신을 소모시키는 모든 것을 차단하라》, 푸수

> 📖 **징검다리 독서**

　신경 쓰지 않는 태도의 강한 힘, 당신의 감정을 쓸데없이 소모하기 싫다면 깊은 해자를 가진 튼튼한 성벽과 같은 차단술을 배워라! 스마트폰이라는 손바닥 안의 작은 전자기기 하나면 우리는 전 세계에서 쏟아져 들어오는 온갖 인간사와 수만 가지 정보들을 볼 수 있다. 그래서 우리의 삶은 더 나아졌는가? 오히려 사람들은 불안감을 호소하며, 정작 자기 자신에게 중요한 일에는 집중하지 못한다. 각종 SNS 게시판에 난무하는 맹목적 부의 과시와 타인과의 비교, 유명인들의 가십 등에 정신을 빼앗겨 정작 내 삶에 소중하고 중요한 일들을 소홀히 할 때가 많다. 이런 시기에 가장 중요한 심리적 덕목은 무엇일까? 정답은 '심리적 차단력'이다.

　우리의 평균 수명을 80세라고 가정한다면, 인생은 겨우 29,200일밖에 되지 않는다. 자신을 피폐하게 만드는 타인의 참견과 쓸데없는 정보들로 내면을 채운다면, 우리는 피곤하고 무의미한 삶을 살 수밖에 없다. 나를 귀찮게 하는 인간관계, 사소하지만 신경에 거슬리는 일, 매일 차고 넘치는 허무적인 SNS, 알아도 딱히 쓸데없는 정보가 어떻게 나를 좀먹게 하는지, 그리고 감정 소모를 일으키는 원인을 어떻게 제거하는지 이 책은 깊이 있게 알려 준다.

부와 성공으로 가는 생각

'에너지 뱀파이어'를 조심하라
선택적 무시, 디지털 디톡스
둔감술! 차단술!

　비교가 일상이 되어 버린 세상이다. 가로, 세로로 접히거나, 베어 문 사과 표의 작고 아담한 고성능의 전자기기인 스마트폰의 보급으로 우리는 늘 수만 가지의 세상사를 듣고 보게 된다. 그것이 우리에게 필요하든, 필요하지 않든지 간에 말이다. 물론 정보검색의 벽이 낮다는 것은 좋은 일이긴 해도, 정보가 너무 많다 보니 가끔은 과유불급일 경우도 많다.

　이 책은 우리가 불필요한 것들에 에너지를 낭비하지 않고, 중요한 것에 집중할 수 있도록 도와주는 '에너지 관리'에 대한 내용을 다룬다. 불필요한 인간관계와 부정적인 감정, 시간 낭비 습관 등을 차단함으로써 삶의 질을 높일 수 있다고 강조한다.

　사람이 하루에 쓸 수 있는 에너지는 한정적이다. 그래서 불필요한 곳에 자신의 에너지를 낭비하면 중요한 일에 집중할 힘이 남질 않는다. 스마트폰에서 흘러나오는 수많은 부정적인 뉴스, 피로감을 주는 인간관계, 의미 없는 SNS 소비 등이 우리의 에너지를 낭비하게 만든다. 우리는 체력뿐 아니라 정신적 에너지도 항상 고려하며 살아야 한다. 우리는 수많은 사람과 관계를 맺으며 살아갈 수밖에 없는 사회적 동물이다. 하지만, 모든 관계를 유지할 수 없고 그럴 필요도 없다는 것을 알아야 한다. 지금 핸드폰에 저장되어 있는 주소록, 카카오톡 친구들을 검색해 보라. 그 사람들 중 일 년에 한 번이라도 연락이나 문자를 주고받는 사람이 과연 몇 명이나 되는가? 새로운 인간관계를 맺는 것도 중요하지만, 관계 정리의 기술도 삶을 단순하고 스마트하게 만드는 중요한 기술 중 하나다. **감정적 소모가 심한 사람, 나의 에너지를 빼앗는 '에너지 뱀파이어'와 거리를 두는 것이 중요하다.**

앞에서 언급한 것처럼 스마트폰, SNS, 뉴스, 메시지 등으로 인해 정보가 넘쳐 나는 시대이다. 지나친 정보의 소비는 우리의 정신적 피로도를 상승시키고 집중력을 떨어뜨린다. 요즘은 어떤 공동체, 사회적 모임에 들어가든 단톡방에 가입을 하게 되고, 거기에 초대를 받게 된다. 알림을 끄지 않으면 업무를 할 수 없을 정도로 카톡 알림음이 울려 대기 일쑤다. 그래서 사람들은 필요한 정보만 읽고, 문자에 답도 잘 쓰질 않을 때가 많다. 카톡에 '조용히 나가기' 버튼이 생긴 것은 이 문제와 연관이 없지 않을 것이다.

선택적 무시와 디지털 디톡스가 필요하다. 서울 어느 곳에 '디지털 디톡스 카페'가 생겼다는 말을 들은 적이 있다. 그 카페에 들어갈 때는 스마트폰을 반드시 제출해야 출입이 가능하고, 카페를 나갈 때 다시 돌려받는다고 한다. 이 카페는 특이하게도 스마트폰 없이 조용히 독서나 글쓰기를 하는 공간인 동시에 디지털로 찌든 우리의 내면의 독소를 빼는 카페인 것이다.

삶에서 '가지치기'를 하면 보다 본질적인 것에 집중할 마음의 여유가 생긴다. 선택과 집중인 것이다. 이것은 미니멀리즘과도 연결된다. 우리가 소유하고 있는 물건에 대한 것만이 아니라, 관계나 일정, 생각도 미니멀하게 할 필요가 있다. 일정과 할 일을 줄이면 코르티솔(대표적인 스트레스 호르몬)도 줄어들어 건강에도 좋은 영향을 미친다. 불필요한 감정 소모의 대표적인 원인으로 꼽을 수 있는 것은 남들에게 어떻게 보일지 신경 쓰는 것이다. 자기 자신이 진정으로 원하는 것이 무엇인지를 고민하고 타인의 평가에서 자유로워질 필요가 있다.

  우리는 모든 것을 할 필요도 없고, 모든 사람을 만족시킬 필요도 없다. 무의미하고 질 낮은 인간관계에서 벗어나 자신의 감정과 평정심을 지키고, 편안함을 찾아가는 인생의 여정을 가야 한다. 그 여정 가운데 좋은 글과 문장들은 우리에게 많은 치유와 회복을 선사한다. 처음에는 관계의 가지치기나 둔감술, 차단술이 잘되지 않는다. 외로워지지 않을까, 인간관계가 줄어들어 내 삶에 안 좋은 영향을 미치지 않을까라는 걱정이 들게 된다. 그래서 **꼭 독서와 글쓰기를 함께 해야 그런 걱정이 줄어들 수 있다.**

  맑은 정신(평정심)과 최상의 성품으로 가족과 나의 소중한 인연들을 대하는 것이 중요하다. 억지스러운 인맥을 위해 노력하지 말자. 조급해하지 말고, 편안하게 느긋하게 맑은 정신을 가지고 살아가자! 더 이상 비교와 탐욕에 감정 소비하지 말고, 둔감력과 차단술로 외부에서 들어오는 과시와 부정적인 자극들을 몰아내자. 기억하자. 둔감술! 차단술!

"타인의 눈에서 인정을 찾으려 하면 영원히 슬프고,
타인의 입에서 존엄을 찾으려 하면 영원히 비참할 뿐이다."

— 푸수, 《당신을 소모시키는 모든 것을 차단하라》 중에서

변화하는 세상에서 변하지 않는 것을 찾아내는 지혜

《불변의 법칙: 절대 변하지 않는 것들에 대한 23가지 이야기》, 모건 하우절

📖 징검다리 독서

　《불변의 법칙》은 《돈의 심리학》으로 유명한 모건 하우절이 쓴 또 하나의 통찰력 넘치는 책이다. 모건 하우절은 쉽고 설득력 있는 글로써 조금 복잡할 수도 있는 개념들을 쉽게 풀어 내는 매력적인 작가이다. 이 책은 경제, 역사, 인간 본성, 심리학을 아우르며 세상이 변해도 변하지 않는 본질적인 법칙들을 탐구한다. 투자, 경제, 인간관계, 의사결정 등의 분야에서 사람들이 실수하는 이유와 성공하는 원리를 설명하며, 우리가 예측할 수 없는 미래를 대비하는 방법을 제시한다. 투자에서뿐만 아니라, 인생에서도 절대 변하지 않는 핵심 원리를 이해한다면 우리는 예측 불가능한 미래에도 흔들리지 않고 나아갈 수 있다.

부와 성공으로 가는 생각

변하지 않는 "참"인 것들이 살아 숨 쉬는
귀하고 고마운 성찰

　지구는 매일 돈다. 시간은 끊임없이 흐르며, 계절은 돌고 돌며 세상은 아주 빨리 변화한다. 너무 빨리 변화하는 세상 탓에 어지러울 지경이다. 잠깐 한눈을 팔면 세상은 어느덧 저기 멀리에 도달해 있다. AI, 로봇, 자율주행, 우주산업 등 4차 미래산업으로의 세계의 행보가 숨이 차다. 이렇게 급변하는 세상에서 중요한 것은 더 많은 데이터나 더 똑똑한 예측이 아니다. 가장 중요한 것은 변하는 세상에서 변하지 않는 것들을 찾아내는 것이다. 수백 년 전에도 유효했지만, 지금도 유효하고, 수백 년 후에도 유효할 것들을 찾는 것이다. 바로 그런 것이 현재를 위한 지혜이자 미래를 미리 엿보는 직관이다. 이 책은 23가지의 그런 변하지 않는 직관에 관해 다루는 현명한 책이다.

　미래는 예측할 수 없다. 하지만, 사람들은 항상 예측하고 싶어 하고 정보의 정확성과는 별도로 미래를 예측하는 사람들의 말을 좋아하고 심지어 따라 하는 경우도 있다. 그럼 왜 사람은 예측하고 싶어 할까? 그것은 뇌의 진화속성 때문이다. 사람의 뇌는 예측 불가능한 것을 무척이나 싫어한다. 왜냐면 에너지를 많이 소비하기 때문이다. 뇌는 항상 에너지를 덜 쓰고 남기고 싶어 한다. 그래야 살아남을 수 있다. 그래서 어떤 사실들에 대해 패턴화하는 것을 좋아하고 불안한 것보다 안정된 것을 좋아한다. 옛날 사바나에서는 뭔가 이전에 경험하지 못한 곳이나 낯선 상황에서는 무조건 피하는 편이 생명을 구해주는 올바른 선택이었다. 자칫 동굴 밖의 부스럭거리는 소리에 뭐지 하고 나갔다가 영영 돌아오지 못할 수도 있었다. 외부의 이상한 소음에 소극적으로 도망을 택해 살아남은 겁쟁이 종족이 우리의 조상들인 것이다. 한마디로 우린 겁쟁이들이라 할 수 있다. 그래서 살아남은 거니까.

인생은 선택의 문제이다. 책의 초반에 친구들과 같이 갔던 스키장에서의 이유 없는 작은 운과 같은 선택이 저자의 생명을 살렸다. 저자가 스키를 타지 않고 왜 그냥 차에서 기다리겠다고 얘기했는지 본인도 몰랐다. 저자는 그것을 운이라고 한다. 작은 선택이 삶과 죽음을 가를 수도 있다.

선택의 순간, 필요한 혜안

주제를 더 확장시켜서 윤택하고 행복한 삶을 위해 우리는 어떤 선택을 할 것인가? 이것은 굉장히 중요한 문제이다. 이 책을 읽으면, 선택의 순간에 우리가 어떤 결정을 할 것인가에 대한 몇 가지 혜안이 생긴다.

첫째, 예측할 수 없는 미래를 억지로 예측하려 하지 말고 유연하게 대응하라. 예측이 아니라, 대응이 중요하다. 절대 잃지 않도록 항상 리스크 관리에 집중을 둔다. 단기적인 시장 예측에 휘둘리지 않고 변동성이 오더라도 감정적으로 대응하지 않고 일관된 원칙을 따른다. 직장인이라면 본업을 유지하고 수입원을 다변화하는 것이 중요하다. 사업가라면 고정비를 줄이고, 유동성을 높이는 전략(경제적 에어백 자금을 항상 유지)이 필요하다.

둘째, 수천 년 동안 반복되어 온 인간의 대표적 행동 패턴과 리스크를 분석하고 올바른 해결책을 선택하라. 항상 군중들은 유행과 거품을 따른다. 다수가 하는 행동이 옳다고 믿고 무작정 따른다. 자기 판단을 맹신할 때가 많다. 지나친 확신으로 위험을 과소평가하고 대비책을 소홀히 한다. 장기적 관점보다 단기적인 이익을 좇고, 즉각적인 만족을 추구한다. 같은 금액이라도 얻을 때보다 잃을 때 더 강한 감정을 느끼는 손실회피 성향을 가지고 있다. 수천 년 동안 인간은 같은 실수를 반복해 왔다. 이를 정확히 인식해 원칙을 정하고, 감정을 통제하는 연습을 하면 더 나은 결정을 내릴 수 있다.

셋째, 불확실성을 인정하고 변하지 않는 원칙인 절제와 인내, 복리의 힘을 믿고 장기적인 사고방식으로 선택하라. 유명한 투자자 워렌 버핏이나 찰리 멍거 등의 사례에서 우린 장기적 복리의 힘을 믿는 사고방식을 배울 수 있다. 하지만, 론 리드패스라고 하는 잘 알려지지 않은 평범한 사람의 사례에 주목할 필요도 있다. 론은 미국 버몬트 주에서 주유소 직원과 청소부로 평생을 일한 평범한 사람이었다. 그는 평생 절약하며, 적은 돈이라도 꾸준히 투자하여 복리의 힘을 극대화했다. 사망할 당시 그는 800만 달러(한화로 약 100억 원)

의 자산을 남겼으며, 대부분을 기부했다. 그의 성공비결은 단순했다. 소득보다 적게 쓰고 남는 돈을 투자해 장기적으로 복리 효과를 활용했고, 대박을 노리지 않고 꾸준히 투자했다는 것이다. **너무 평범하게 보이는 방법이 가장 실행하기 힘들고 가장 비범한 방법이다.** 우리는 여기서 큰돈이 없어도, 꾸준한 적립식 투자와 장기 보유가 부를 만들 수 있다는 교훈을 얻을 수 있다.

모건 하우절 VS 보도 섀퍼

역시 모건 하우절이다. 《돈의 심리학》 이후로 또 멋진 그의 책을 읽게 되었다. 23가지의 현재를 살아갈 큰 교훈을 얻은 듯하다. 경제 위기, 금융 위기, 시장의 변동, 기술 혁신 등 세상의 변화는 계속되지만, 인간의 공포와 탐욕, 실수는 항상 반복된다. 그래서 항상 우리는 단기적 변동성에 초점을 맞출 것이 아니라, 장기적인 관점에서 투자와 삶을 바라보아야 한다. 인간의 행동 패턴은 수천 년간 비슷하게 유지되어 왔다. 이것이 우리가 역사를 공부해야 하는 이유다. 군중심리, 과신, 두려움과 탐욕은 항상 인간들의 의사결정에 영향을 미친다. 세상의 것들이 불확실하다는 불확실성을 인정하고, 변하지 않는 원칙들인 절제, 인내, 복리의 힘을 믿고 나아가야 한다.

보도 섀퍼는 《돈》이라는 책에서 "지금 사람들의 재산을 모두 빼앗고, 다시 모두에게 공평하게 1억씩 나눠 준다면 몇 년이 지난 후에는 어떻게 될까?"라는 질문을 던진다. 그가 말하는 해답은 재산을 빼앗기 전 상황과 비슷하게 된다는 것이다. 가난한 자들은 가난하게 된 이유가 있고, 부자들은 부자가 된 그들만의 방법이 있다는 것이다. 변하지 않는 법칙이 있다는 것이다. 운이 아니라는 것이다. 이런 변하지 않는 지혜와 직관을 소유한다면, 우리는 1,000번의 인생을 살아도 그중 999번의 인생에서 성공을 이룰 수 있는 사람이 될 수 있다. 조급하지 않으며, 나약하지 않으며, 안티프래질('깨지지 않는'이란 뜻으로 나심 니콜라스 탈레브가 그의 책 《안티프래질》에서 소개한 개념)한 마음으로 23가지의 훌륭한 제언을 머리와 가슴에 새겨 본다.

어느 삶이든 시험은 존재한다. 문제란 당연히 일어나는 것이고, 하루하루가 도전이라는 사실을 마음에 품고, 늘 문제에 대비하는 마음가짐을 가지고 살아가는 편이 낫다. 이 책을 읽으면서, 그 마음가짐이 더 크게 느껴지고 가슴에 새겨지는 순간들이 많았다. 가슴 한편이 찡해지고, 눈가에 눈물이 맺히도록 좋은 내용이 많았다. 우리가 왜 독서를 하고, 역사를 공부해야 하며, 인간들이 사는 삶의 무늬인 인문학을 배워야 하는지에 깨닫는 순간이었다. 심리학과 철학, 사람의 두려움과 탐욕에 대해 변하지 않는 "참"인 것들이 살아 숨 쉬는 귀하고 고마운 책이다. 두고두고 일주일에 한 가지씩 계속 사색하고 성찰해 보아야겠다.

이 세상에 변하지 않는 것은 모든 것이 변한다는 사실뿐이다.

인생에서 가장 중요한 것만 남기는 독서 비결
《한 번 읽은 책은 절대 잊지 않는다》, 허필우

📖 징검다리 독서

이 책은 효과적인 독서법과 기억법을 활용해 읽은 책을 완전히 내 것으로 만드는 방법을 심도 있게 소개한다. 책을 읽고도 기억에 남지 않는 이유는 단순히 읽기만 하고 적극적인 사고의 과정을 거치지 않기 때문이다. '읽는 행위'가 중요한 것이 아니라, '어떻게 읽고 그것을 장기 기억화시켜 나의 지식으로 만들고 적용할 것인가' 하는 것이 더욱 중요하다.

한번 읽은 책을 절대 잊지 않는 독서의 순서는 다음과 같다. 첫째, 책을 읽기 전에 목차를 훑어보고, 핵심 내용을 예측해 보는 '예습 독서'. 둘째, 중요한 내용을 밑줄 긋고, 질문하며 읽어 나가고, 메모와 요약을 하면서 스스로 정리하여 읽는 '적극적 독서'. 셋째, 책을 다 읽은 후에는 핵심 내용을 정리하고, 자신의 언어로 요약하고 다른 사람들에게 설명하는 방식과 책에서 배운 것을 실제 생활에 적용해 보는 '복습 독서'의 순서대로 읽는다. 그냥 읽는 수동적 독서가 아닌 읽은 내용을 정리하고 공유하는 능동적 독서를 할 때 완전히 내 것이 된다.

부와 성공으로 가는 생각

저자는 천 권의 책을 읽고 쓰면서 9급 공무원이었던 직급에서 4급 공무원으로 승진을 했다. 박사 학위도 취득했고, 지금은 대학의 겸임교수까지 되었다. 독서를 하면서 무엇을 읽느냐도 중요하지만, 어떻게 읽느냐가 더욱 중요하다.

이 책의 저자가 독서카드법을 생각해 낸 계기는 김정운 교수의 책 《에디톨로지》이다. 독일 학생들은 자신이 읽은 책을 정리하여 카드에 요약해 카드 박스에 넣는데, 그 카드들을 카드 박스에 넣을 때 자기 자신만의 순서와 기준에 따라 분류하여 넣고, 그것을 통하여 자신만의 독창적인 생각을 재창조한다. 모든 책은 홀로 설 수 없다. 서로 연결되어 있고, 그 방대한 지식과 저자들의 생각, 철학들을 나의 방식으로 연결 짓고 분류하여 나의 지식으로 재탄생시켜야 독서의 진정한 의미를 이루었다고 할 수 있다. 책을 읽고 한 문장으로 설명할 수 없다면 책을 읽었다고 할 수 없다.

한 권의 책이라도 완벽히 읽는 법

이 책은 단 한 권을 읽어도 제대로 읽고 싶은 사람들을 위한 책이며, 인생에서 가장 중요한 것만 남기는 비결을 담고 있다. **독서는 평범한 사람이 경쟁력을 쌓아 성공할 수 있는 가장 확실한 방법이다.** 저자는 자신이 20년 동안 읽고 쓰기를 반복하며 축적된 노하우와 독서법을 이 책에 담았다. 가벼운 자기계발서부터 벽돌 책까지 카드

한 장으로 모든 책을 내 것으로 만들어 보자고 말하고 있다. 1년에 책을 한 권도 읽지 않는 비독서인이어도, 책을 즐겨 읽는 애서가여도 상관없이 이 책의 독서법과 함께라면 한 번 읽은 책은 절대 잊지 않을 것이다.

  나는 그동안 350여 권의 책을 듣고 읽으면서 항상 망각에 대한 아쉬움이 있었다. 책을 읽긴 읽었는데 금방 그 내용을 까먹기 일쑤였다. 독서 활동이라는 것도 그냥 스마트폰의 독서 노트에 끄적대는 게 전부였다. 이 책을 읽으면서, 독후 활동의 체계적인 GC 카드 활용법이 특히 인상적이었다. 이거라면 나도 할 수 있겠다는 생각이 들었다. 무조건 읽는 것이 아니라, GC 독서 카드를 차곡차곡 쌓는 진실된 노력을 통해 시간 낭비하는 독서가 아닌 절대 잊지 않는 독서, 분류 독서, 기록 독서, 연결 독서로 나의 독서력과 지식, 나의 삶이 한 단계 업그레이드되는 기회가 되도록 노력하고 있다. 내가 지금 쓰고 있는 《부와 성공으로 가는 징검다리 독서》라는 책을 쓰는 데에도 이 책이 많은 도움이 되었다.

우리는 자기 삶의 경제부총리가 되어야 한다

《보도 섀퍼의 돈》, 보도 섀퍼

📖 징검다리 독서

이 책은 독일의 금융 전문가인 보도 섀퍼가 쓴 책으로, 개인이 경제적 자유를 달성하는 방법을 설명하는 정신적, 실천적 입문서이다. 우리는 이 책을 통해 단순한 금융 지식뿐만 아니라, 돈에 대한 태도나 자세, 부자가 되는 원칙, 그리고 실천 가능한 실질적 전략 등에 대해 배울 수 있다. 저자 자신이 젊은 시절 겪은 파산 상태의 경험을 바탕으로 부자가 되기 위한 심리적 변화와 실천법을 강조하여 더욱 공감대를 이끌어 낸다.

이 책은 단순한 재테크 지침서가 아니라, 우리가 돈을 대하는 정신과 습관을 바꾸는 것이 부자가 되는 핵심임을 강조한다. 돈을 긍정적으로 바라보고, 꾸준한 습관과 실천을 통해 경제적 자유를 얻을 수 있다는 것이 이 책의 가장 중요한 메시지이다.

부와 성공으로 가는 생각

성경 속 이집트 경제부총리, 요셉

구약 성경에 등장하는 인물 중 요셉(Joseph)은 야곱의 11번째 아들로서 이스라엘 민족의 역사에서 중요한 역할을 한 인물이다. 그는 아버지의 총애를 받았으나 형들의 질투를 사서 미디안 상인들에게 팔려 바로의 신하인 보디발의 노예가 된다. 보디발의 아내의 거짓 고발로 감옥에 갇히지만, 감옥에서 요셉은 왕의 시종 장관들의 꿈을 해석하여 신뢰를 얻게 되고, 마침내 바로(파라오)의 꿈을 해석해 7년 풍년과 7년 흉년이 올 것을 정확히 예측한다. 이에 감탄한 바로는 요셉을 이집트의 경제부총리로 임명하여 기근 대비책을 맡기게 되고, 7년의 풍년 때에 나라의 재정을 잘 관리하여 7년의 흉년 때에 기근 속에서 이집트와 주변 민족을 구하는 인물이 된다.

자신의 재정과 멘탈을 관리해 주는 머니 트레이너는 필수

2025년 한국은 경제적으로 힘든 한 해를 보내고 있다. 환율상승과 높은 인플레이션, 지금은 조금씩 하향기조로 가고는 있지만 그래도 아직 높은 금리, 내수 불안, 계엄과 탄핵정국의 정치적 리스크 등의 상황을 겪고 있다. 연일 계속되는 미국 트럼프 정부의 관세 압박과 세계 무역전쟁으로 인해 한국의 기업들도 많은 어려운 상황에 직면해 있다. 거기다 작년 기준 합계 출산율은 0.75명으로 세계 최저 수준을 기록했다. 그 이유는 여러 가지가 있겠지만, 높은 사교육

비와 주택 비용 상승이 원인으로 판단된다. 낮은 출산율과 노인 인구의 증가로 국가 경쟁력이 약화되고, 복지비용 증가, 국민 건강보험과 국민 연금의 고갈문제로 인해 앞으로의 미래 전망도 밝지 않다. 개인의 입장에서 보면, 경제 성장 둔화로 일자리가 감소하고, 이로 인한 소비위축으로 경제 전반에 부정적 영향을 미치고 있다. 특히 자영업자들의 폐업이 속출하고 있다는 기사가 많이 보도되고 있는 상황이다.

한국 사회에서는 돈을 중요하게 여기면서도 돈을 직접적으로 이야기하는 것을 꺼리는 경향이 많다. 부동산이나 주식투자 등 부를 쌓는 것에 관심은 많지만, 돈을 너무 밝히면 속물처럼 보인다는 인식이 여전히 존재한다. 특히, '돈을 좋아한다'는 표현이 부정적으로 받아들여지는 경우가 많다. 또한 한국은 교육, 취업, 투자 등에서 경쟁이 치열한 나라이며, 돈을 벌고 부자가 되는 것은 단순한 경제적인 목표가 아니라 사회적 지위를 결정하는 중요한 요소로 여겨진다. "영끌(영혼까지 끌어모아 투자)"이라는 표현이 유행할 정도로 부동산이나 주식투자에 대한 국민들의 관심이 높다.

1994년 IMF 경제 위기 이후, 전통적으로 한국인들은 저축을 중요하게 생각하는 문화를 가지고 있었다. 하지만, 최근에는 저금리 시대와 자산 격차의 확대로 인해 저축보다는 주식, ETF, 부동산, 코인 등 투자나 재테크에 대한 관심이 급격히 증가했다. 과거엔 돈을 모으려면 은행 적금을 최고로 여겼지만, 지금은 투자를 안 하면 뒤처진다는 인식이 퍼지고 있다. 부자는 '성공한 사람'으로 인정받지만, 동시에 '특권층'이라는 부정적인 시각도 존재하며, 특히 부동산을 통해 부를 축적한 사람들에 대한 반감이 큰 편이다.

경제가 어려울수록 꼭 필요한 것이 자기경영이다. 자기경영의 지침과 실천전략을 가지고 사는 사람과 그냥 살아가는 사람의 차이는 크다. 자신의 재정과 멘탈을 관리하는 데 도움을 주는 머니 트레이너가 있으면 좋겠지만, 그러기엔 경제적 부담도 크고, 현실적으로 힘든 일이다. 하지만, 독서를 통하면 가능하다. 최고의 가성비로 독일 최고의 머니 트레이너를 옆에 둘 수 있다. 그것이 바로 이 책을 읽어야 하는 이유다.

스스로 자기 인생의 경제부총리가 되어야 한다

경제적으로 힘들수록 회피하지 말고, 오히려 돌파하기 바란다. 이 책을 두 번, 세 번 읽어 나가면 방법이 생긴다. 빚이 많다면 그 빚에 치여 멍하니 억눌려 살지 말고, 어떻게 하면 그 빚을 이겨 나갈 것인가를 생각하고 그것을 위해 실행해야 한다. 보도 섀퍼는 말한다.

"빚을 없애기 위해 노력하는 것은 종종 어둠을 몰아내고자 하는 것이나 다름없다."

지극히 공감되는 표현이다. 정원에 꽃을 심었는데, 주위에 잡초가 계속 자라난다. 뽑아도 뽑아도 잡초가 계속 자라난다면 잡초보다 더 많은 꽃을 심어 버리면 된다. 빚을 이기는 최선의 방법은 가진 것을 늘리는 방법밖에 없다.

돈에 무관심한 사람은 절대 부자가 될 수 없다. 당신은 돈 버는 기계가 될 것인가, 아니면 돈 버는 기계를 소유할 것인가? **우리는 스스로 자기 곳간을 만들어 채우고, 성경의 요셉처럼 스스로 자기 인생의 경제부총리가 되어야 한다.** 풍년의 때에 잘 준비하여 흉년의 때를 지혜롭게 헤쳐 가야 다시 더 큰 풍년의 시기를 맞이할 수 있다. 이를 위해서는 멘탈 훈련과 실질적으로 실천 가능한 훈련을 항상 해 나가야 한다.

이 책을 읽으면서 나의 경제적 여건과 어떻게 미래의 나의 목표를 이루어 갈 것인가를 깊이 생각하고 재확인하는 시간이 되었다. **'돈을 밝히는 자'가 아닌 '돈에 밝은 자'가 되고 싶다.** 빚이 있다는 두려움에 조금 여유를 두는 시각을 갖게 되었고, 지금 내가 무심코 쓰는 돈의 20년 후의 가치를 생각했다. 수입의 일부를 일단 저축하라. 경제적 에어백 자금을 꼭 마련해 두라. 기회는 반드시 온다. 그때 얼마만큼의 가용한 돈을 가지고 있을 것인가?

나는 수입의 50%를 나에게 제일 먼저 투자한다. 그리고 독서와 공부를 통해 꾸준히 배우고 성장하고 있다. 절제를 통해 나의 투자 원칙에 따라 나아갈 것이며, 7년 후 부자가 될 수 있다는 것을 다른 사람들과 나 자신에게 꼭 입증해 보일 것이다.

"우리 사회는 과소비에 들떠있고, 주변 친구와 친지를 돌아봐도 모두 돈을 쓸 줄만 알지, 모을 줄 아는 사람은 그리 많지 않다. 그렇게 해서 많은 사람들이 행복하고 부유하게 살 권리를 포기한 채 힘겨운 인생을 살아간다."

- 보도 섀퍼, 《보도 섀퍼의 돈》 중에서

포스가 함께하기를(May the force be with you)

《멘탈의 연금술》, 보도 섀퍼

> 📖 징검다리 독서

　이 책은 단순한 동기부여를 위한 책이 아니라, 성공을 위한 강력한 멘탈 전략을 다루고 있다. 저자는 "연금술"이라는 개념을 활용해 우리의 내면을 단련하고, 부정적 감정을 긍정적 힘으로 바꾸며, 목표를 달성하는 과정을 설명한다. 보도 섀퍼는 말한다.
　"원하는 것을 못 할 이유는 없다. 세상의 모든 장애물을 '황금'으로 만들어라."
　전 세계 부자들의 멘탈 코치 보도 섀퍼의 성공 비밀 61가지를 소개한다.
　이 책은 살아가면서 필연적으로 부딪치는 시련과 난관, 절망과 좌절을 어떻게 극복할 것인지에 대한 통찰과 깊은 메시지를 담고 있다. 세상에서 가장 성공한 인물로 평가받는 사람들이 총출동해 실패를 성공으로 이끈 드라마틱한 이야기들을 쏟아 놓는다.

부와 성공으로 가는 생각

유리 멘탈에서 황금 멘탈로

 부자와 가난한 자, 성공과 실패, 승자와 패자를 가르는 결정적인 한 가지가 존재한다. 그것은 바로 '멘탈(mental)'이다. 영어로는 '정신의', '마음의'로 해석되며, 또 다른 의미로 '(머리가) 돈, 미친'이란 뜻도 있다. 아무튼, 멘탈은 우리의 외면이 아니라 내면의 강인함을 의미한다. 이 책 《멘탈의 연금술》은 치열한 경쟁과 예측 불가능한 세상에서 자신의 꿈을 이룬 사람들의 강력한 정신 승리의 스토리이자 비법을 소개한 책이다.

 며칠 전 새로 부임한 삼성전자의 한종희 부회장이 향년 63세의 나이로 세상을 떠나셨다는 소식을 들었다. 원인은 심장마비였다. 삼성이 비상 경영체제를 선언하고, 절체 부심하여 새로 취임한 한 부회장이 돌아가셨다는 소식에 참 많은 부담과 스트레스를 받으셨겠다는 생각이 들어 새삼 숙연해졌다. 기업을 이끄는 많은 리더들은 치열한 경쟁과 복잡한 세계 정세의 움직임 속에 고밀도의 결단을 해야 하는 사람들이고, 기업의 많은 부하 직원들을 책임져야 하는 중책을 지고 있는 사람들이다. 그로 인해, 많은 부담과 스트레스를 갖게 되며 젊은 나이에 세상을 등지는 일이 많다. 이런 상황 속에서도 그 혹독한 시련과 난관을 극복할 수 있는 비결은 바로 '강철 같은 멘탈'이다.

 수많은 글로벌 리더, CEO, 슈퍼리치, 경제경영 구루, 셀럽, 밀리

언셀러 작가에 이르기까지 유리 멘탈을 황금 멘탈로 만들어 성공을 이끌어 낸 사람들의 흥미진진한 이야기를 통해 많은 생각을 해 보게 되었다. 보도 섀퍼는 이런 사람들을 '멘탈의 연금술사'라고 불렀다. 멘탈의 연금술사들도 보통의 사람들이다. 단지, 고난과 실패를 통해 단련되어 강인해진 것이다.

두려움을 두려워하지 않을 용기

나는 미국 유학을 준비하며, 비자 문제로 2년을 가족과 떨어져 지내게 되었다. 아내, 아이들과 떨어져 혼자서 힘든 유학 생활을 견디며 이전에 가지지 못했던 강인한 정신력이 생겨났고, '가장 연주를 잘할 수 있는 사람은 못 되어도, 가장 연습을 많이 하는 사람은 될 수 있겠다.'라는 생각으로 유학 생활을 하며 학교에서 연습 벌레로 불릴 만큼 목숨을 걸고 연습을 했던 적이 있다. 연습을 하다가 힘이 들면, 내가 '여기까지 어떻게 왔는데'라고 생각하며 이겨 냈고, 가끔은 악의 감정을 이용해 나를 무시했던 사람들의 얼굴을 떠올리기도 했다(단, 이런 방법은 가끔 사용해야 한다).

우리는 멘탈이 강한 사람들은 보통 사람들과는 다른 관념과 철학의 소유자들이라고 생각한다. 하지만 우리에게 고난이 닥쳐올 때 우리는 그 상황을 이기기 위해 힘을 내게 되어 있고, 문제를 해결하기 위해 전투적으로 방법을 찾게 된다. 개인적 차이는 있으나, 이전에 가지지 못한 멘탈을 키우게 되어 있다. 열대 지방의 나무보다 추운 지방의 나무가 더 강하고 단단하듯, 편안하고 안락한 삶에서는 강인한 에너지가 뿜어져 나오기 어렵다. 따뜻한 수조에서 자란 물고기와 차가운 수조에 자란 물고기를 똑같은 온도의 수조에 넣어 같이 키우면 같은 크기의 성장을 보이지만, 수명 면에서 보면 차가운 수조에 자란 물고기가 훨씬 오래 산다고 한다.

이렇듯, 편안함과 안락함보다는 고난과 역경이, 따뜻함보다는 추위가 강인한 멘탈을 만든다. 멘탈의 연금술사들은 시련 속에서 버티는 방법을 알게 되었고, 기회가 올 때까지 버텼으며, 실패 속에서 배웠고, 끝까지 해답을 찾으려 노력했다. 그리하여 그들은 마침내 누구도 넘볼 수 없는 성취를 손에 넣게 되었다.

우리가 살아갈 세상은 결코 만만치 않을 것이다. 하지만, 이 순간 이런 생각을 해야 한다. '가벼운 아령으로는 결코 멋진 근육을 키울 수 없다'는 사실을. **내가 강해질 수밖에 없다. 두려움을 두려워하지 않는 용기를 갖자.**

"포스가 함께하기를(May the force be with you)!"

"뛰어들어라. 그러면 온 우주가 당신에게 헤엄치는 법을 가르칠 것이다."

— 보도 섀퍼, 《멘탈의 연금술》 중에서

농부는 씨감자를 절대 먹지 않는다
《주식투자 절대원칙》, 주식농부 박영옥

📖 징검다리 독서

　이 책은 주식농부 박영옥이 자신의 오랜 투자 경험을 바탕으로 정리한 가치투자 철학과 원칙을 담고 있다. 그는 단기 매매가 아닌, 기업의 주인이 된다는 관점에서 장기투자를 해야 됨을 강조하고 있으며, 이를 위해 투자자로서 가져야 하는 태도와 원칙에 대해 알려 주고 있다. 저자 박영옥은 모든 식물이 열매를 맺기 위해서는 제일 처음 씨 뿌리는 작업이 필요하고, 매일 아침과 저녁으로 돌보면서 해충도 막아야 하는 여러 수고를 마다하지 않아야 한다고 말한다. 그런 마음으로 하는 투자가 바로 '주식 농부'의 투자 마인드이다.
　좋은 기업을 찾아 장기적으로 투자하고, 마치 농부가 농사를 짓듯이 꾸준히 관리하며 수익의 열매를 창출하자는 것이 그의 철학이다. 이 철학과 마인드는 주식투자 외에도 삶의 여러 부분에 적용할 만큼 시사하는 바가 크다.

> **부와 성공으로 가는 생각**

주식 농부 박영옥의 투자 절대 원칙

저자 박영옥은 증권사에서 근무한 경험이 있다. 1997년 IMF 사태가 터지면서 대한민국 부도 사태가 일어나게 되어 많은 기업들이 파산했다. 그로 인해 저자의 권유를 받고 투자한 고객들도 엄청난 손해를 입게 된다. 이 사건은 금융위기와 같은 극단적 시장 상황에서 발생한 것이어서 일반적인 증권회사 직원이라면 시장 상황이 나빠서 그런 것이라며 책임을 회피할 수도 있었지만, 박영옥은 자신의 책임을 다하고자 사비를 털어 고객들의 손실을 보전해 주었다. 그 후 그와 그의 가족들은 사글세를 전전했고, 2001년 911 테러가 터졌다. 저자는 그때 폭락한 주식들을 매수했고, 1년도 지나지 않아 큰 수익을 거뒀다. 사글세를 살던 처지에서 한국의 400대 부자(자산 1,500억 원 이상)가 되기까지 약 15년이 걸렸다. 이처럼 저자는 책임과 신뢰를 최우선으로 삼는 투자자였으며, 증권회사를 나와 개인 투자자일 때도 이런 철학과 마인드는 그의 투자의 근간이 되었다.

박영옥의 투자 절대 원칙을 요약하면 다음과 같다.

첫째, 주식은 기업의 일부를 사는 것이다. 주식투자는 숫자가 아니라 기업을 사는 것이라는 것을 강조한다. 주식투자자는 주가의 등락에 일희일비하는 것이 아니라, 기업의 주인이 되어야 한다.

둘째, 좋은 기업을 찾고자 노력해야 한다. 성장 가능성이 크고 경쟁력이 있는 기업을 찾아야 하며, 기업의 경영진을 신뢰할 수 있는지, 사업 모델이 확고한지를 살펴봐야 한다.

셋째, 단기적인 주가 변동에 흔들리지 말고, 장기투자를 해야 한다. 장기적으로 기업과 함께 성장해야 복리의 효과를 극대화할 수 있다. 주식은 사고파는 대상이 아니라 함께 키워 나가는 것이라는 인식을 가져야 한다.

넷째, 독서와 공부는 필수이다. 기업과 산업에 대한 공부를 게을리해서는 안 되며, 항상 재무제표를 읽고, 기업의 가치와 성장 가능성을 분석하는 능력을 길러야 한다. 이 능력은 처음에는 어렵지만, 차츰 재무제표나 공시, 경제뉴스 등을 보다 보면 경험적으로 길러지게 된다. 시장의 뉴스나 소문이 아니라, 본인이 정해 놓은 확실한 기준에 따라 투자해야 한다.

다섯째, 시장의 변동성에 흔들려서는 안 된다. 주가는 변동성이 크지만, 결국 좋은 기업은 제 가치를 인정받는다. 앙드레 코스톨라니의 말처럼, 목줄을 메고 가는 개가 주인의 앞과 뒤를 왔다 갔다 할 수는 있지만, 결국은 주인과 함께 가는 것이다. 기업의 주가는 절대 한자리에 머물지 않는다. 세계 정세의 변화와 각종 전쟁, 정치 상황 등에 따라 얼마든지 변동성을 가진다. 하지만 결국은 주인 즉, 해당 기업의 가치에 수렴하게 되어 있다. 그래서 위기가 올 때는 기회를 포착할 수 있도록 자금을 항상 준비하고 있어야 하고, 절대 변동성에 기인하여 공포와 탐욕에 휘둘려서는 안 된다. 평상심을 가지고, 매일 차트를 보기보다는 조금은 멀리 떨어져서 냉정하게 투자해야 좋은 결과를 얻을 수 있다.

여섯째, 배당과 현금흐름이 중요하다. 기업에 투자할 때는 배당을 안정적으로 지급하는 기업에 투자하는 것이 유리한데, 지속적으로 이익을 내고, 그 이익을 투자자와 공유하는지 잘 살펴보고 투자에 임해야 한다.

저자는 주식투자를 단순한 돈 벌기가 아닌 '기업과 동행하는 과정'이라고 생각한다. 그는 주식시장에서 흔히 볼 수 있는 단기적 사고방식을 경계하며, 장기적이고 가치 중심적인 투자를 강조한다. 주식투자자는 오너의 마인드를 가져야 하며, 철저한 공부와 분석을 바탕으로 꾸준히 투자를 이어 나가야 한다는 것이 그 핵심 투자 원칙이다.

주식투자는 큰 리스크를 가진 금융상품
조심 또 조심!

나는 30대 초반에 직장 생활 시절에 처음 주식투자를 경험했다. 직장 동료의 조언으로 그때 유행하던 BRICS ETF에 투자를 하게 되었다. BRICS는 브라질(Brazil), 러시아(Russia), 인도(India), 중국(China), 남아프리카(South-Africa)의 영어 알파벳의 첫 글자를 딴 용어이며, BRICS ETF는 그 다섯 나라의 지수를 추종하는 주식 상품이다. 참고로, 지금 BRICS는 미국의 달러 패권에 도전하는 나라들의 성격을 띠고 있다. 아무튼, 나는 정확히 기억은 나지 않지만, -20% 정도의 손실을 입고, 더 떨어질지도 모른다는 공포에 휩싸여 손절을 하고 말았다. 그 당시에는 책도 읽지 않고, 투자 공부도 제대로 되지 않은 터라 손실을 떠안은 채 눈물을 머금고 매도를 해야만

했다. 그때 이후로 나는 '주식투자는 하는 게 아니야'라는 믿음을 가지게 되었고, 성실히 저축과 적금만으로 자산을 모아 왔다.

몇십 년이 지난 후, 코로나가 세계를 덮치면서, 주가는 대폭락했다. 미국 연준과 세계 각국의 중앙은행들은 일시에 유동성을 대거 공급했다. 그러는 바람에 주가는 크게 반등했고, '나만 뒤처지면 안 된다'라는 FOMO(Fear Of Missing Out) 증후군이 유행하면서 너도나도 주식투자에 관심을 갖게 되었고, 많은 이들이 주식시장에 뛰어들었다. 유튜브 채널에는 주식 관련 유튜버들이 우후죽순 생겨났으며, 일명 '동학 개미운동'이란 신조어까지 생겨나게 되었다. 나도 그때 8만 원 초반대에 삼성전자 주식을 매수해서 -30%의 폭락장을 경험하게 되었고, 비자발적 장기투자로 계속 물타기를 했다. 3년 정도 버티다가 삼성전자 주가가 7만 원 초반대가 되자, 나는 다시 주가가 떨어지면 어떡하지라는 공포에 평단가에서 조금 높은 가격에 급히 매도를 하게 되었다. 그 이후 독서와 공부를 지속했고, 평소에는 절대 주식매수를 하지 않았고, 폭락장에서만 분할 매수로 대응해 5~7% 수익을 몇 번 맛보기도 했다.

몇 번의 작은 수익 이후 나는 이런 생각이 들었다. '과연 10~20년을 피 말리는(?) 주가의 변동성에 대응해 샀다 팔았다를 반복하며 재산을 불리고 지켜 갈 수 있을까?' 하고 말이다. 그리고 몇 번 수익을 본다 치더라도, 그 방법이 강한 믿음이 되고 욕망이 되어 더 큰 금액의 투자금을 리스크가 큰 주식시장에 투자할 것 같다는 생각이 들었다. 돈은 누구에게나 소중한 것이다. 우리는 얼마나 그 돈을 벌기 위해 고생을 했나? 그렇지만, MTS라는 증권사 앱 하나만 깔면 너무나 쉽게 게임 머니처럼 주식을 사고팔 수 있으니, 돈이 진짜 돈처럼 안 느껴질 때도 있다. 큰 손실을 보고 나서 후회해 봐야 이미 때는 늦다.

　나는 지금은 미국 배당주 투자만 하고 있다. 좋은 로직(Logic)의 미국 배당 ETF 2~3개를 적립식으로 모아 나가고 있고, 절대 투자금을 빼지 않는다. 그리고 배당금은 무조건 재투자한다. 주식 창은 자주 들여다보지 않고, 주식 공부도 이전만큼 하지 않는다. 그 시간에 나는 나가서 달린다. 주가에 신경 쓰기보다 나의 몸에 더 신경을 쓴다.

　우린 노동을 할 수 있을 때까지 무조건 노후대비를 위해 투자를 해야 한다. 건강해야 장기투자를 할 수 있고, 복리의 효과를 거둘 수 있다. 농부의 마음으로 한결같이 하면 된다. 그리고 절대 아무리 흉년이 들고 금융위기가 오더라도 우리는 절대 자신의 씨감자(투자금)를 먹어선 안 된다.

생각 속의 생각

내가 자주 보는 애널리스트 출신 주식 유튜버는 자신의 영상에서 "국장에서 장기투자를 하면 장기가 상하고, 가치투자를 하면 가치(같이) 망한다."라는 말을 자주 한다. 라임(Rhyme)으로 표현한 유머스러운 문장 같지만, 한번 새겨 볼 만하다. 국장에서도 투자의 고수들은 좋은 성과를 내고, 분명 유효한 투자기술이 존재하겠지만, 나 같은 일개 개미들은 소중한 투자금을 잃을 수도 있으니, 조심 또 조심하시기 바란다. '미국 배당주만이 답이다'라는 말은 절대 아니며, 개인마다 자기의 스타일이 있고 자신이 가장 잘할 수 있는 방법대로 투자하는 것이 옳다.

이 글은 투자 권유가 아니며, 모든 투자의 책임은 본인에게 있음을 알려드립니다.

위기를 기회로 바꿀 수 있는 신자산가의 습관
《신자산가의 인생 습관》, 서정덕

📖 징검다리 독서

  이 책은 경제 전문 기자이자 유튜브 채널 '서정덕 TV'를 운영하는 서정덕 저자가 쓴 책으로, 고물가와 고금리 시대에 새로운 방식으로 자산을 축적하는 방법과 태도를 제시한다. 저자는 이 책에서 한 번의 큰 성공을 위한 '한 방'을 노리기보다는 일상에서의 작은 습관과 '차근차근' 노력을 통해 경제적 자유를 추구하는 방법을 강조하며, 이를 통해 누구나 현실적인 목표를 설정해 공부하고 노력해 자기만의 반복되는 리듬으로 투자한다면, 누구나 신자산가가 될 수 있다는 점을 전달한다.

💡 부와 성공으로 가는 생각

새로운 시대엔 새로운 자산가의 마인드로

　지금은 이전과 달리 투자 환경이나 상황이 많이 바뀌었다. 인터넷과 스마트폰의 보급으로 투자에 대한 정보와 뉴스가 넘쳐 나고, 조금만 관심이 있다면 누구나 경제, 투자에 관한 공부도 쉽게 할 수 있다. 하지만 아이러니하게 이런 투자 환경임에도 불구하고, 투자를 통해 이익을 얻는 일은 점차 힘들어지고 있다. 그 이유는 투자 주체가 늘어남에 따라 투자의 동향이나 흐름이 복잡해지는 요인이 있을 뿐만 아니라, AI를 이용한 투자, ETF 투자 등 간접투자도 확대되고 있어 투자의 방법도 다양화되고 있기 때문이다. 그로 인해, 주가의 방향성이나 투자기술의 정답을 아는 것이 점점 어려워지고 있다. 전형적인 복잡계의 양상이다. 시간이 갈수록 난이도가 쉬운 것에서 어려운 것으로 간다. 단순한 것에서 복잡한 양상으로 흐른다. 물리학에서는 이를 '엔트로피 증가의 법칙(열역학 제2법칙)'이라고 한다. 이 법칙은 쉽게 말해, '모든 것은 무질서를 향한다'라는 것이다. 즉, 엔트로피의 증가 = 무질서의 증가, 일어날 확률이 희박한 쪽에서 일어날 확률이 높은 쪽으로 나아간다는 것이다. 그러다 보니 모든 것들이 복잡해지고 무질서하게 된다는 것이다. 이 법칙은 단지 물리학에서만 적용되는 것이 아니라, 각종 사회 현상과 투자의 영역에도 그대로 적용된다. 예전에는 전문가들의 영역이었던 일들이 이제는 평준화되어 많은 사람들이 관심을 갖고 쉽게 접근하는 일들로 변화되었다. 그러다 보니 예상이나 추측도 힘들고, 더욱더 복잡계의 양상을 띠는 것이다.

이러한 현시점에서 우리는 과거의 투자 방식을 답습하거나 그대로 따라서는 안 되며, 새로운 경제 상황과 환경에 맞는 새로운 자산 축적 방법을 모색해야 한다. 개인의 자산 형성을 위해서 매일 1~2시간을 경제 공부나 투자 활동에 할애하는 등 부지런하고 성실한 태도가 필요하다. 나는 매일 아침 8시 유튜브 알람을 맞춰 놓고, 한국경제신문의 아침 신문 읽기 모닝 루틴을 실천한다. 또, 작은 이익이라도 꾸준히 쌓아 자산 축적의 선순환 구조를 만들어야 하며, 이를 위해서는 자신이 반복해서 할 수 있는 투자를 지향해야 한다. 그리고 타인의 조언에 의존하기보다는 스스로 공부하고 판단하여 자신만의 관점과 철학을 갖고 투자하는 자세가 꼭 필요하다. '남의 꿀팁이 나를 쪽박 차게 만들 수도 있다'는 점을 명심하기 바란다.

코로나 때 풀린 유동성 때문에 인플레이션이 유발되었고, 그 돈을 거두어들이는 시점 동안, 2%대였던 미국의 금리가 몇 번의 빅 스텝(0.5%)과 스몰 스텝(0.25%)으로 5% 넘게 상승했다. 이 책을 쓰고 있는 2025년 3월 말 현재, 미국 기준금리는 4.50%이다. 미국의 금리인상기 동안, 한국의 달러 유출을 막기 위해 당연히 한국의 중앙은행도 금리를 동반 상승시킬 수밖에 없었다.

이 같은 고물가와 고금리의 시대에는 예전의 부자 공식은 먹히지 않는 시대이다. 이제 대한민국에서 자산증식은 생각보다 쉽지 않다. 고금리로 인해 쉽게 자금을 조달할 수도 없다. 지금 당장 시작해야 할 일은 '노력해서 달성할 수 있는 수준의 신자산가들'의 투자방식과 행동 양식들을 살펴보고 내 것으로 만드는 것이다. 이런 투자서나 경제 서적을 꾸준히 읽음으로써 신자산가들의 비법을 배워 자신만의 똘똘한 투자 철학을 가져야 한다. 내 삶을 즐겁게 가꾸며, 경제적 자유에 한 단계 다가설 수 있는 변화를 시작해야 한다. 전에는 안 했던 행동들을 해야 되고, 낯선 것들에 도전해 보아야 한다.

고금리, 고물가 시대에는 한 방보다는 차근차근 독서를 통해 공부하면서 하락기(기회)가 왔을 때 자기가 가용할 수 있는 자금을 정확히 계산한 후, 주가가 어디까지 하락할 것인가를 예상하여 분할 매수로 대응해야 한다. 만약, 자신의 가용자금이 삼천만 원이라고 가정하면 자신이 예상하는 주가의 저점까지 구간을 3단계(꼭 3단계가 아니어도 됨)로 나누어 그 가격이 왔을 때마다 천만 원씩 분할매수 하는 것이다. 주식시장에 투자할 때는 반드시 분할매수와 분할매도가 답이다. 과욕을 부려서 한 가격에 몰빵해서 매수를 한다거나, 공포 때문에 저점에 자기가 가진 주식을 전부 매도해 버리는 우를 범해서는 안 된다. 주식 시장에서 투자 수익을 내기란 쉽지 않다. 그래서 수익은 조금이라도 꼭! 꼭! 챙겨야 된다. 급등주 따라잡기는 재미로도 해서는 안 된다. 그 한 번의 재미 때문에 자기의 가진 재산을 전부 잃을 수도 있다.

투자 공부를 할 때는 기자가 기사를 쓰는 마음으로 경제와 자신의 투자 분야를 공부해야 한다. 편향된 지식이 아닌 균형된 지식과 정확한 지식을 독자들에게 전한다는 마음으로 공부한다면 보다 발전적인 있는 투자 공부가 되리라고 생각한다. 그리고 이를 통해 **재빠른 '경제 눈치'를 가져야 지금 시대에 어울리는 '신자산가'가 되리라 생각한다.**

열차의 꼬리 칸에 탄 사람들
《왜 그들만 부자가 되는가》,
필립 바구스, 안드레아스 마르크바르트

📖 징검다리 독서

이 책은 부의 불평등이 단순히 자본주의 실패 때문이 아니라, 오히려 국가의 화폐 발행 독점과 같은 개입과 잘못된 경제정책에서 비롯된다는 점을 강조한다. 저자들은 정부가 시행하는 다양한 경제적 개입 예를 들면, 국가의 화폐 발행권 독점, 중앙은행의 통화정책, 세금 정책, 보조금 정책 등이 특정 계층에게만 부의 축적을 가능하게 하고, 일반 대중에게는 경제적 빈부 격차를 가속화시킨다고 주장한다. 특히, 중앙은행의 돈 풀기(양적 완화)와 저금리 정책이 금융자산을 가진 부유층에게 유리하게 작용하며, 노동자와 서민층은 인플레이션(화폐가치 하락, 물가 상승)으로 인해 실질 소득이 감소하는 역효과를 낳는다는 점을 지적한다. 이 책은 오스트리아 학파 경제학의 관점에서 부의 불평등 문제를 분석하고 있다.

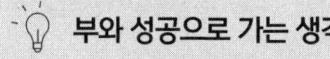 부와 성공으로 가는 생각

새로 만들어지는 돈, 통화량 증가와 인플레이션
새로 찍어 낸 돈의 첫 수혜자들과 제일 끝자락에 있는 자들

왜 현대 사회에는 부의 불평등 문제가 발생하고, 그것이 또 가속화될까? '빈익빈 부익부.' 가난한 사람은 더 가난해지고, 부자는 더 부자가 된다. 그 원인을 이 책 저자들은 시장의 문제가 아니라, 정부 때문이라는 점을 강조한다. 금본위제가 폐지되고, 국가가 화폐를 마음대로 찍어 낼 수 있는 권한을 가지면서, 돈의 가치는 더욱 하락하고 새로 만들어진 돈의 제일 끝자락에 있는 봉급생활자들과 노동자들은 부자들에게 그 부를 빼앗긴다. 국가는 국민의 세금을 담보로 하여 국채를 발행하고, 복지정책의 비용 확대라는 명분으로 계속 통화량을 확대한다. 기업가, 정치인, 부자들은 새로 찍어 낸 통화의 첫 수혜자이자 가장 큰 수혜자들이 된다. 개인은 대출을 갚아야 하지만, 국가는 그 빚을 빚으로 다시 갚을 수 있다. 국가가 국민의 세금으로만 운영이 된다면, 벌써 국민 사이에는 혁명이나 폭동이 일어났을 것이다. 정치인들은 그들의 지지표를 얻고, 정치생명을 유지하기 위해, 국민의 복지를 늘려야 한다. 그 자금을 확보하기 위해 권력을 가진 자들과 국가는 국채를 발행해 돈을 지속적으로 만들어 낸다. 그 결과로 통화량 증가, 인플레이션이 발생하고, 부를 보유한 계층과 노동 계층 간의 격차는 더욱 벌어지게 되는 것이다.

새로운 돈이 만들어지는 구조에 대해 잠깐 살펴보면 다음과 같

다. A는 성실히 돈을 저축하여 100만 원을 은행에 저축했다. 은행은 가게 리모델링을 위한 자금이 필요한 B에게 10%의 지급 준비금(법이 보장)을 제외한 90만 원을 대출해 준다. 근데, 이상한 것은 A의 저축 계좌에는 10만 원만 있는 것이 아니라, 100만 원이 그대로 찍혀 있다. 여기서 돈이 창조된 것이다. 최초 100만 원이 190만원이 된 것이다. 좀 더 나가 보면, B는 인테리어 공사를 위해 빌린 90만 원을 공사업자인 C의 계좌로 입금한다. 그럼 돈의 총량은 100+90+90=280만 원이 된다. 자, 이런 식으로 나가면 돈은 무한대로 창출된다. 성실하게 돈을 모은 사람들의 돈을 은행이 누군가에게 빌려줘도 된다는 허가를 나라로부터 받았기 때문이다.

 한 나라의 돈의 양인 통화량이 증가되면, 기업의 매출과 영업이익이 증대된다. 그리고 그로 인해 일하는 노동자들의 임금도 상승한다. 노동자들은 늘어난 임금으로 여러 가지 재화나 자동차, 부동산을 매입하게 되고, 이렇게 되면 온갖 종류의 세금(부가세, 재산세, 양도세 등)을 통해 국가의 수입은 자동적으로 증가한다. 세금이 늘면 국가가 가용할 수 있는 자금의 양도 늘어난다. 이와 동시에 물가도 상승하게 되며, 물가 상승은 근검절약하는 사람들을 희생양으로 삼아서 한껏 쌓인 국가의 부채 규모를 줄여 주는 효과를 발휘한다. 인플레이션 속에서 채무자는 유리하고, 채권자는 불리하다. 화폐량 증가로 돈의 가치가 떨어져 빌린 돈의 액수보다 갚아야 될 돈이 실질적으로 적어지는 효과가 발생하는 것이다. 화폐를 찍어 낼 수 있는 권리, 화폐 창출을 통해 국가는 권력을 유지하고, 키우고, 그로 인한 자산상승으로 국민이 내는 세금은 자동 상승 한다. 물가가 오르면 기업의 이익이 상승하고 이로 인해 임금이 오르고, 자동적으로 세금은 올라간다. 정부의 수입도 올라간다.

　인플레이션을 우리는 물가 상승이라고 생각하는데, 그것은 화폐량 증가로 인해 발생하는 결과론적인 측면이라고 저자들은 말한다. 인플레이션은 곧 돈을 많이 찍어 내 화폐량이 증가되는 것이고, 국민에게는 곧 세금의 증대이다. 고로 인플레이션은 곧 세금이다.

(물가 상승 → 화폐가치 하락 → 자산가치 상승 → 세금 증가)

　과거와 다름없이 무언가를 장만하기 위해 저축을 열심히 하는 사람들은 이제는 물건을 장만하는 데 필요한 돈을 모으는 속도보다 더 빠른 속도로 물건 가격이 오르는 것을 경험해야 한다.

　국가의 독점 화폐, 인플레이션은 아주 불안정하면서 부패한 금융 시스템을 만들어 내었다. 그리고 점점 많은 사람들이 여기에 직간접적으로 종속되기에 이르렀다. 주기적으로 찾아오는 금융 위기 상황에서 이런 금융의 시스템을 구제할 수 있는 것은 국가뿐이다. 국가는 이런 위기상황에서 파산 위기에 처해 있는 은행이나 기업에 돈을 풀어 유동성을 공급해 준다. **위기를 만든 장본인들이 그 위기를 막는 것이다.** 결자해지이다. 이런 경기변동으로 인한 금융 위기는 국가의 나쁜 화폐 발행 독점권의 폐해를 상쇄시키고도 남는다. 국가의 지출이 증대되면 국민과 기업들의 종속성 또한 더욱 커진다. 국가의 권력은 더욱 공고해지는 것이다. 사람들은 국가가 창조해 낸 나쁜 화폐에 매수되었다. 기득권 세력들은 그들이 가진 권력이나 돈을 잃을지도 모른다는 불안감과 두려움 때문에 지속적으로 돈을 찍어 내는 국가의 행위를 그저 수용만 할 뿐, 앞으로 닥쳐올 대재앙에는 눈을 감아 버렸다.

왜 그들만 부자가 되는가? 새로 만들어진 돈을 제일 먼저 공급받는 사람들은 기업인, 정치인, 부자들이다. 그들이 일차적으로 돈을 공급받은 이후 자산, 물건의 가치가 이미 오른 상태에서 열차의 제일 마지막 꼬리 칸에 탄 연금 수급자, 봉급생활자들이 제일 나중에 그 돈의 혜택을 받게 된다. 그러나 이미 화폐의 구매력과 지불 가치는 가장 낮은 상태이다.

인플레이션 통화 확장은 부의 재분배를 낳는다. 지금의 화폐 시스템은 이미 자산과 부를 가지고 있는 슈퍼 리치들을 더욱 부자로 만드는 것이다.

"통화량 증가의 피해자는 상품 가격이 오르는 속도보다 수입이 늦게 늘어나는 사람들이다. 그리고 가장 큰 피해를 보는 사람들은 새롭게 만들어진 돈을 제일 늦게 손에 넣는 사람들, 혹은 아예 그 돈을 구경조차 하지 못하는 사람들이다. 그들은 완벽하게 손해를 본다."

- 필립 바구스, 안드레아스 마르크바르트,
《왜 그들만 부자가 되는가》 중에서

네가 번 돈의 10분의 1을 오늘부터 지켜야 해
《바빌론의 부자 멘토와 꼬마 제자》, 조지 S. 클레이슨

📖 징검다리 독서

　이 책은 조지 S. 클레이슨이 쓴 《바빌론 최고의 부자(The Richest in Babylon)》라는 책의 핵심 내용을 어린 독자들도 쉽게 이해할 수 있도록 각색한 작품이다. 이 책은 한 현명한 스승이 어린 제자에게 부를 쌓는 원리와 원칙에 대해 가르치는 형식으로 되어 있다. 꼬마 제자는 부자가 되는 방법에 대해 배우며, 저축과 투자, 돈의 흐름을 이해하는 것이 중요하다는 점을 깨닫는다. 이야기의 핵심은 역사적으로 부유했던 고대 도시 바빌론의 지혜를 일깨워 주며, 현대에도 적용할 수 있도록 전달한다. 스승은 꼬마 제자에게 부자가 되는 원칙을 알려 주고, 이를 실천할 때 어떤 결과가 나타나는지를 보여 준다.

　이 책은 특히 어린이와 청소년 독자들이 일찍부터 경제 개념을 익히고, 올바른 금융 습관을 기를 수 있도록 돕는 데 초점이 맞춰져 있다. 하지만, 성인 독자들에게도 기본적인 경제 원칙을 상기시키는 유용한 책이다.

💡 부와 성공으로 가는 생각

자본주의 현대판 노예가 되지 않는 비결

　부자가 되는 가장 손쉬운 방법은 수입보다 적게 지출하며, 그 수입의 일부분을 저축, 투자하여 돈이 돈을 버는 구조로 만들어 매달 지출되는 고정비보다 많은 현금흐름을 만드는 것이다. 말은 간단하지만, 그것을 실행하는 것은 보통 사람의 수입으로는 참 어렵고 시간도 많이 소요된다. 그렇지만, 어렵기에 도전할 만한 가치가 있는 것이다. 돈은 버는 것보다 지키는 것이 더 중요하다. 매월 소득의 일정 부분을 자동이체로 적립식 저축 또는 투자하는 것이 가장 중요하다. 이 책에서 부자 스승은 꼬마 제자에게 소득의 10%를 반드시 지켜 저축을 해야 하고, 그것이 부로 가는 첫걸음이라고 강조한다.

　요즘같이 소비에 대한 유혹이 강렬한 시기는 없었다. 충동적인 소비를 줄이고, 꼭 필요한 곳에만 돈을 사용해야 하는 것을 알지만, SNS에서 좋은 카페, 맛집, 해외여행을 다녀온 친구나 친지들의 사진들을 볼 때면 그 결심이 무너지는 것은 일순간이다. 소비에 대한 유혹은 우리의 뇌를 자극하는 것이므로 우리의 생각보다 훨씬 강하다. 자신의 취향을 자신보다 많이 알고 있는 AI 알고리즘 덕분(?)으로 우리의 지갑은 늘 가볍다. 《세이노의 가르침》이란 책에 보면 "부자들이 만들어 놓은 쇼윈도 앞에서 절대 서성이지 말라!"라는 문장이 나온다. 이 강렬한 유혹을 이겨 내어 우리는 그 지켜 낸 돈이 우리의 병사가 되어 더 많은 돈을 벌 수 있도록 투자해야 하며, 안전하고 확실한 투자처를 찾기 위해 늘 책을 읽고 공부해야 한다. 돈은 시간이 지나면서 더 큰 부를 만들 수 있으므로 꾸준한 투자와 인내심은 필수이다. 부자가 되는 것은 운이 아니라, 어쩌면 올바른 원칙을 지키는 습관에서 비롯된다고 할 수 있다.

바빌론 시대에는 빌린 돈을 갚지 못하면, 그 돈을 변제하기 위해 노예로 팔려 가야 했다. 현대에는 노예제가 존재하지 않는다. 하지만, 신분제 노예가 없을 뿐이지 현대판 노예는 여전히 존재한다. 현대 자본주의 사회에서는 은행에서 돈을 빌리면 돈의 노예가 된다. 또, 카드사에서 신용대출을 받거나 할부 거래를 하면, 돈의 노예가 된다. 만약 그 돈을 제때 갚지 못하면, 신용이 떨어지고 연체료와 가산금이 붙는다. 따박따박 그 돈의 빌린 원금과 이자를 갚아야 한다. 매달 그 빌린 돈을 갚기 위해 우린 몸이 부서져도 일을 하러 나가야 한다. 몸만 팔려 가지 않을 뿐, 현대판 노예가 되는 것이다.

《부자 아빠 가난한 아빠》에서 로버트 기요사키는 이것을 생쥐 레이스라고 표현한다. 한 쌍의 커플이 사랑해서 결혼을 하고 아이를 낳는다. 이제 둘만 살던 집이 좁아, 그들은 더 큰 집으로 이사를 결심하게 되고 장기 주택 담보 대출을 받는다. 그리고 이사를 간 더 큰 집에 어울리는 가구와 살림 도구, 전자제품을 장만해야 하고, 아이 방도 알록달록 꾸며야 한다. 신용카드 할부제도가 그렇게 좋을 수가 없다. 조금씩 갚아 나가면 된다고 생각한다. 이제 그들은 아침에 깨면 자동적으로 일터로 나가는 생쥐 레이스에 빠지게 된다.

그럼 우리는 자본주의의 현대판 노예가 되지 않기 위해서 어떻게 살아야 할까? 그 해답은 이 책에 기록되어 있다. 4,000년 전 고대 도시 바빌론 사람들의 삶의 모습과 지혜가 오늘날과 비슷하고, 적용 가능하다는 것이 놀랍다. 돈을 모으고, 지키고, 불리는 그 법칙이 오늘날과 변함없다는 것이 조금은 신기하다. 소비에 익숙하고, 저축과 절약에 힘들어하는 우리의 방식을 수정하여 자기 자신에게 제일 먼저 소득의 일부를 지불해야 하며, 그것이 의미가 되고 기쁨이 되어 삶의 선순환이 된다는 것을 이 책을 읽으면 깨닫게 된다. 우리는 돈을 지켜서 우리의 노예와 병사를 늘려야 한다.

저번 달, 작년, 5년 전, 10년 전에 번 돈은 어디로 갔는가? 현대 사회는 소비 위주 사회이고, 빚을 권하는 사회이다. 잘 생각해 보면 우리는 다른 사람에게 우리의 수입을 먼저 지불한다. 통장 계좌에 월급이 들어오자마자 은행의 대출금으로 은행에 먼저, 월세로 집주인에게 먼저, 자동차 할부금으로 자동차 회사에게 먼저, 홈쇼핑 결제금으로 홈쇼핑 회사에 먼저, 그 외 각종 소비로 남들에게 먼저 우리의 수입을 지불한다. 나에게 제일 먼저 지불하라! 돈이 모자랄 거라고 걱정하지 말라! 못 갚으면 어떡하지 걱정 말라! 고지서를 다 못 내면 어떡하지 염려 말라! 로버트 기요사키는 이것을 경제적 압력을 키우는 행위라고 한다. 그는 말한다.

"자부심이 낮고, 경제적 압력에 대한 저항력이 낮은 사람은 결코 부자가 될 수 없다."

우리 현실에서는 바빌론의 부자 멘토나 로버트 기요사키 같은 경제적 멘토나 스승을 만나기 어렵다. 소비 성향이 강하고 대출을 부추기는 현대 자본주의 사회에서 부자의 길로 가는 비결을 자기 일인 양 가르쳐 주는 사람이 과연 몇이나 되겠는가? 이것이 우리가 책을 읽어야 하는 이유다. 책은 2만 원도 안 되는 돈으로 훌륭한 멘토들이 평생을 연구한 비법들을 소개해 주는 극초의 가성비를 지닌 도구인 것이다.

"네가 오늘부터 번 돈의 10분의 1을 안 쓰고 지켜낸다면 10년 후에는 얼마나 될까? 지켜낸 그 돈이 너를 위해 일하는 노예라고 생각해 봐. 돈이 너를 위해 돈을 벌도록 만들어야 해."

- 조지 S. 클레이슨, 《바빌론의 부자 멘토와 꼬마 제자》 중에서

The Rich vs The Wealthy
《이웃집 백만장자》, 토마스 J. 스탠리, 윌리엄 D. 댄코

📖 징검다리 독서

어떻게 하면 보통 사람이 부자가 될 수 있을까? 이 책에는 평균 소득에서 백만장자가 되기까지 1천 명의 부자들이 알려 주는 영원불변의 비법이 소개되어 있다.

《이웃집 백만장자》는 부자학의 권위자 토마스 J. 스탠리와 윌리엄 D. 댄코가 20년간 1천 명의 부자들을 추적 조사한 최초의 백만장자 보고서이다. 일반적으로 부자라고 하면 화려한 차와 멋진 집을 소유한 사람을 떠올리지만, 연구 결과 진짜 백만장자들은 겉으로는 평범해 보이며 검소한 생활을 하는 사람들이 많다는 점을 이 책은 강조한다. 200년이 넘는 자본주의 역사에서 부자의 기준과 부의 지도가 수없이 바뀌어도 변하지 않는 부자들만의 법칙이 있다.

💡 부와 성공으로 가는 생각

진정한 이웃집 동네 부자가 되는 법

　제2차 세계 대전 이후 자본주의 경제체계를 표방하는 나라가 사회주의 경제체계를 표방하는 나라를 훨씬 앞질러 부유하게 되었다. 사회주의가 피자 한 판을 공평하게 나누어 먹는 거라면, 자본주의는 피자 한 판을 서로 다른 크기로 나누어 먹는 것이다. 하지만 자본주의의 작은 피자 한 조각이 사회주의 사회에서 공평하게 나눈 피자 한 조각보다 크다는 것이 문제이다. 이렇듯, 자본주의가 승리하는 듯했다. 하지만, 현대 자본주의 사회는 부의 불평등의 문제, 부의 계급화 문제가 점점 심화되어 가고 있다. 특히, 한국 사회는 더욱 문제가 심각해지고 있는 상황이다. 금수저, 흙수저. 이런 말이 유행하고 있다.

　그렇다면, 보통의 사람들이 부자가 될 수 있는 방법은 없을까? 이 책 《이웃집 백만장자》를 집필한 토머스 J. 스탠리와 윌리엄 D. 댄코는 소위 부자 동네에 거주하는 사람을 관찰하기 시작했고, 그들에게 뭔가 특별한 비결이 있지 않을까 조사했다. 그러다가 몇십억의 호화로운 집에 살면서 비싼 차를 몰고 다니는 사람들 중에 실제로 부자가 아닌 사람들이 더 많다는 놀라운 사실을 발견했다. 정작 진짜 부자들은 부자 동네에 살지 않았다. 그리고 천 명이 넘는 진짜 부자들을 관찰, 조사해 보니 그들이 부자가 된 비결은 행운, 유산, 학력이 아닌 소비 습성이었다는 사실을 밝혀냈다.

이 책의 저자들은 'UAW(Under Accumulator of Wealth, 저축이 적은 자산 보유자)'와 'PAW(Prodigious Accumulator of Wealth, 뛰어난 자산 보유자)'라는 두 개념을 소개한다.

'UAW'는 높은 소득을 가지고 있지만, 충분한 부를 축적하지 못한 사람들을 의미한다. 돈을 많이 벌지만, 과소비를 하거나 투자보다는 소비에 더욱 집중하기 때문에 그들의 순자산은 낮다. 부유하게 보이기 위해 고급 외제차, 명품, 비싼 주택을 구매한다. 그들은 보통 전문직인 의사, 변호사, 기업 임원 등의 직업을 가지고 있으며 그중에서도 소비 성향이 높은 사람들이 'UAW'에 해당된다.

반면, 'PAW'는 소득 수준과 비교했을 때 소득은 'UAW'보다 적지만 훨씬 많은 자산을 축적하고 있는 사람들을 말한다. 수입의 상당 부분을 저축, 투자하며 검약하는 생활을 유지한다. 외적으로는 부유해 보이지 않지만, 장기적인 부를 형성하는 데 집중한다. 그들 중에는 자영업자, 중소기업 사장, 장기 투자자, 금융 관리를 잘하는 사람들이 많다.

책에서는 그 사람이 UAW인지 PAW인지 계산하는 공식을 제시하는데 그것은 다음과 같다.

(연령 × 연간 총소득) ÷ 10 = 평균적인 자산 수준

이 공식의 자산 수준보다 2배 이상 많으면 PAW이고, 50% 미만이면 UAW이다.

PAW가 되기 위해서는 소득보다 자산을 늘려야 한다. 아무리 소득이 높아도 소비가 더 많으면 의미가 없다. 소득을 지켜 내는 것이 중요하다. 항상 검소한 생활로 장기적인 부를 만드는 방법을 공부하며 실천해야 한다. 저축도 좋지만, 주식이나 배당주 투자, 부동산 등 다양한 자산에 장기적으로 투자하는 것이 좋다. 남들에게 부자로 보이려 하기보다는 실제적인 부를 쌓는 것이 중요하다. 진짜 부자는 외적으로 보이지 않는다.

영어에서 부를 뜻하는 단어에는 'Rich'와 'Wealth'가 있다. 이 두 단어는 비슷한 뜻을 가지고 있지만, 본질적으로는 다른 개념이다. 'Rich'는 남에게 보이는 부이다. 자동차, 시계, 명품 옷, 신발, 집 등을 말한다. 반면, 'Wealth'는 남에게 보이지 않는 부이다. 자산이나, 저축 계좌의 금액, 투자 자산 등을 말한다. 'The Rich'는 소비 부자이고, 'The Wealthy'는 자산 부자이다. 우리는 TV나 신문, 대중매체에서 'The Wealthy'는 잘 보지 못하고, 'The Rich'를 자주 보게 된다. 대중의 관심을 끌기 좋은 상대는 보이는 소비 부자(The Rich)이지 잘 보이지 않는 자산 부자(The Wealthy)가 아니다. 'The Rich'들이 대중 매체에서 다루기 좋고, 주목을 받기 용이하기 때문이다.

그렇기에, 우리는 숨어 있어 잘 드러나지 않는 부(富)인 'Wealth'에 대해 닮거나 배우기가 어렵다. 'Wealth'는 숨어 있다. 자산 부자인 'The Wealthy'들의 속성이나 비법 등을 잘 공부하기 힘들고, 자산 부자들의 롤 모델 찾기는 하늘의 별 따기이다. 하지만, 이 책에서는 그 비법을 발견할 수 있다. 우리도 많은 독서를 통하여 현실에서 잘 드러나지 않는 '자산 부자(The Wealthy)'들의 검약과 절제, 인내를 배우고 그 비법들을 체화하여 이웃집 백만장자, 동네 부자로 거듭나자.

미래의 나에게 빚을 지울 것인가?
미래의 나에게 투자를 할 것인가?

《퓨처 셀프》, 벤저민 하디

📖 징검다리 독서

　벤저민 하디(Benjamin Hardy)의 《퓨처 셀프》는 '미래의 나(Future Self)' 개념을 중심으로 개인 성장과 목표 달성을 위한 심리학적 전략을 다룬 책이다. 이 책은 우리가 어떤 미래를 꿈꾸고 그 꿈을 현실로 만들기 위해 현재의 행동과 사고방식을 어떻게 바꿔야 하는지 설명하고 있다.

　이 책은 단순한 자기계발서가 아니라, 심리학적인 원리를 기반으로 우리가 어떻게 목표를 달성할 수 있는지 설명한다. 특히, '미래의 나'라는 '퓨처 셀프'의 개념을 강조하면서 단순한 목표 설정이 아닌 '이미 미래의 자신이 되었다고 가정하고 행동하는 것'이 변화의 핵심이라고 말한다. 즉, '미래의 내가 원하는 모습'이 현재 나의 행동을 변화시킬 수 있으며, 이를 통해 지속적인 성장을 이룰 수 있다는 점이 이 책의 가장 중요한 메시지이다.

💡 부와 성공으로 가는 생각

'미래의 나'가 '현재의 나'의 정체성이다

　사람은 현재의 상황이나 과거의 경험보다 '자신이 어떤 사람이 되고 싶은가'에 따라 삶이 결정된다. 따라서 자신이 원하는 미래의 모습을 명확히 설정하고 그것에 맞춰 행동하는 것이 중요하다. 미래의 모습과 얼마나 긴밀히 연결되어 있는가? 하는 것이 성공의 열쇠이다. 우리는 과거의 경험이나 현재의 환경에 의해 제한받을 필요가 없으며, 미래의 비전이 현재의 정체성을 새롭게 정의할 수 있다. **'미래의 나'가 '현재의 나'의 정체성이 될 수 있다는 말이다. 일반적인 목표 설정이 아니라, 이미 목표를 달성한 '미래의 나'가 현재의 나에게 어떤 도움의 손길을 건넬지를 생각하며 행동해야 한다.** 그리고 중요한 변화를 만들려면 결정을 미루지 말고 즉시 행동해야 하며, 이를 가능하게 하는 환경을 조성해야 한다. 나쁜 습관을 버리고 성장할 수 있는 환경에 자신을 임하게 두는 게 중요하다. 이때 현재의 모습이 아닌, 미래의 가능성을 기준으로 자신을 바라보고 신뢰하는 것이 필요하다.

　2045년에 살던 당신이 타임머신을 타고 20년 전인 현재 2025년으로 돌아왔다고 상상해 보라. 당신은 돌아온 지금의 현실이 익숙한 듯 익숙하지 않고 낯설다. 현재의 나와는 다른 사람이고 그 존재를 타인과 같은 존재처럼 느낄 수도 있다. 현재의 나와 미래의 나는 다른 정체성을 가진 완전히 다른 사람인 것이다. 기억은 잘 나지 않겠지만, 20년 전 과거의 자신의 모습을 떠올려 보면, 현재의 나와도 전혀 다른 사람일 거란 생각이 들 것이다. 이 점이 중요하다. 현재의 나는 과거, 미래의 나와 같은 사람이지만 다른 사람이다.

이 책의 저자는 20년 후 미래의 자신이 현재로 돌아와 가족들과 저녁을 먹고 있다고 생각했고, 오늘을 다시 살아 볼 기회를 얻었다고 생각했다. 그때 세 살인 딸이 "아빠" 하고 부르며 달려오는 모습에 눈물을 흘리며 안아 주었다. 그날 저자는 미래의 자신이 되어 있었기에 가족들이 더욱 소중하게 느껴졌다. 미래의 자신에게 눈앞에 있는 아이들은 아이의 모습을 한 30대 성인이다. 만약 아이들의 어린 시절로 돌아가 짧은 시간이라도 시간을 다시 한번 보낼 수 있다면 어떨까? 생각한다. 그래서 저자는 장난꾸러기 아이들 모습이 너무나 소중하게 느껴졌다. '10년, 20년 후 미래의 내가 현재로 와서 지금을 산다'라고 생각해 보자. 지금 익숙한 것들이 완전히 다르게 보일 것이다.

경기장 안에 머물러야 한다

스티븐 프레스필드는 자신의 책 《최고의 나를 꺼내라!》에서 이렇게 말한다.

"우리의 영혼을 발전시키는 사명이나 행동의 중요성이 클수록 그 일을 하는 데 저항을 크게 느낀다."

- 스티븐 프레스필드, 《최고의 나를 꺼내라!》 중에서

전쟁터를 보면 가장 중요한 격전지에서 피 튀기는 격전이 일어나는 법이다. 이 책에서 벤저민 하디는 "현재의 나보다 미래의 나를 선택할 때마다 항상 위험이 도사린다."라고 말한다. '미래의 나'의 모습과 정체성으로 우리가 원하는 것을 이루려 나아갈 때, 우리는 그 지점에서 가장 큰 저항을 만나게 되고, 그곳이 곧 전쟁터에서의 가장 큰 격전지가 된다.

삼국지에 보면 유비가 전쟁에 져서 원소에게 의탁하는 장면이 나온다. 하지만, 유비는 원소의 우유부단함과 능력 없음에 실망하고, 원소의 곁은 더 이상 있을 곳이 아니라고 생각해 형주의 유표를 찾아가 자기 몸을 의탁하는 장면이 나온다. 형주자사 유표는 유비와 같은 유씨로 한나라 왕실의 후예이다. 예순이 넘은 나이로 오랫동안 형주를 지키며, 통치해 온 제후였다. 유비가 유표에게 '한나라 역적 조조를 같이 처단하자'라고 설득하자, 유표는 '내 나이에 어떻게 조조를 치러 허창으로 간단 말인가?' 하며 그냥 현실에 만족하면서 살겠노라고 말하며 거절한다.

미국 미식축구 NFL의 유명한 쿼터백인 톰 브래디는 슈퍼볼 경기에서 일곱 차례나 팀을 우승으로 이끈 선수이다. 하지만 그가 나이를 먹자 주위의 사람들은 '경기를 뛰기에 그는 나이가 너무 들었어'라고 생각했다. 톰 브래디는 한 TV 프로그램에 나가 이렇게 말했다. "저에 대해 의심하고 회의적으로 말했던 사람들 대부분은 실제로는 경기장 안에 있지 않았다."

또한, 어느 유명한 미식축구 선수는 해설가가 실제 선수 출신이 아니면, TV 소리를 줄인다고 말했다.

당신이 무슨 일을 하든지 경기장 밖에는 비평하는 말과 말 많은 구경꾼들이 항상 존재한다. 그들은 경기장 밖에서 시끄럽게 떠들며, 당신에게 혼란만 가중시키는 관중일 뿐이다. 그들의 말을 차단술을 이용해 막아라. 나이가 들어도, 상황과 환경이 어떠하더라도 부디 경기장 안으로 한시라도 빨리 뛰어들기 바란다. 그럼 당신은 비록 거기서 실패하더라도 배우고 단련될 것이다. 물론 경기장 안으로 뛰어들면 당신에게 고통은 올 것이다. 하지만 경기장 밖에서는 고통은 없어 안전하다고 느낄지라도 당신은 실패하고 있는 셈이다.

사람들은 경기장 밖이 안전하다고 생각한다. 그래서 자신의 바운더리를 쉽사리 벗어나지 못한다. 미래의 나, 퓨처 셀프를 사랑하고 흠모하면서 그에게 투자하는 길은 지금 바로 경기장 안으로 뛰어드는 것이다. 퓨처 셀프를 믿어야 한다. 미래의 나의 정체성을 흠모해야 한다. 길게 고민하지 마라. A를 선택하면 B는 포기해야 한다. 선택하려면 포기해야 한다. 그 포기가 가까운 미래에 당신을 성숙한 사람으로 키울 것이다. 포기하라.

"경기장 밖에 있으면 안전하다는 느낌이 들지 모른다. 하지만 그곳이야말로 가장 위험한 장소다. 경기장 밖에 있으면 자신이 무엇을 모르는지 알 수 없다."

- 벤저민 하디, 《퓨처 셀프》 중에서

나의 현재가 힘들다면, 과거의 내가 현재의 나에게 뭔가 빚을 지우는 행위를 한 것이다. 모든 의사결정을 퓨처 셀프의 관점에서 하라! **의사결정의 순간에 나의 현재의 행동이 퓨처 셀프에게 빚을 지우는 행위인지, 투자를 하는 행위(복리를 남기는 행위)인지를 질문해 보길 바란다. 미래의 나에게 문제를 떠넘기지 마라. 나의 정체성의 뿌리는 '미래의 나'이다. 미리 받은 듯이 감사하고, 미래의 내가 되어 생각하고 행동하라.**

설득과 협상의 기술이 부와 성공을 이끈다
《설득의 심리학》, 로버트 치알디니

📖 징검다리 독서

　사회 심리학자인 로버트 치알디니(Robert Cialdini)는 《설득의 심리학》에서 사람들이 특정한 자극-반응의 자동 방식으로 행동하도록 영향을 미치는 설득과 영향력의 원리를 분석한다. 그는 수년간 심리학 연구와 실험을 통해 우리가 무의식으로 행동하게 되는 설득의 전략을 학문적으로 정리하고, 이를 실생활에서 어떻게 활용하거나 그 설득의 전략을 구사하는 사람들을 어떻게 방어할 수 있는지 설명한다.
　설득이란 용어와 설득의 원칙, 전략 등은 우리에게 꽤 친숙한 단어이고, 이미 기업이나 개인들도 인지하고 활용하고 있다. 그런 이유로 관심이 덜할 수 있는 분야임에도 저자는 설득을 보다 학문적으로 개념화, 용어화, 전략화했다는 평가를 받아 많은 상을 수상했고, 그리하여 이 책은 사회 심리학 분야 고전으로 평가받고 있다.

> 💡 **부와 성공으로 가는 생각**

설득하거나, 설득당하거나

우리는 무엇이 필요할 때 그것을 사기 위해 백화점이나 마트에 쇼핑을 하러 간다. 거기서 우린 고객들을 응대하는 점원들을 만나게 된다. 그냥 필요한 옷이나 제품들을 사러 가는 것이지만, 점원들이 설득의 심리학을 사용하고 있다고 알아채는 사람은 많지 않다. 백화점 점원뿐만 아니라, 값비싼 명품을 판매하는 숍이나 외제차 영업사원들은 설득의 원칙과 전략들을 늘 교육을 받는다. 많은 전략 중에 하나만 소개하자면, 그들은 고객들에게 먼저 비싼 것을 권하고, 나중에 조금 낮은 가격의 상품들을 판매하는 전략을 사용한다. 이것을 '거절 후 양보 전략'이라고 하는데, 이 전략이 효과를 발휘하는 것은 상호성 원칙, 대조 원칙 때문이다. 한 번 큰 것을 거절한 고객들은 작은 것에 또 한 번 거절하기를 미안해하고, 고가의 제품을 접했기에 저가의 제품을 상대적으로 저렴하게 느끼는 것이다.

대단한 것은 저자가 책이나 논문 등으로만 설득의 심리학을 연구한 것이 아니라, 어느 회사의 영업사원이나 캠페인 직원으로 직접 일을 해 보면서 보다 실질적이고 경험적인 설득의 전략, 원칙들이 포함된 사회 심리학 책을 집필하기 위해 노력했다는 것이다.

사람들은 모든 삶의 현장에서 누군가를 설득을 해야 하거나 누군가에게 설득을 당하는 경우에 처하기 마련이다. 물건을 사고 판다든지, 상담을 한다든지 할 때 여러 종류의 협상 테이블 앞에 앉는 경우가 많다. 이때 우리가 만약 이런 설득의 원리를 인식하고 잘 활용할 수 있다면, 자신이 원하지 않는 선택을 하지 않을 수 있고, 반대로 비즈니스, 협상, 대인관계에서 자신에게 긍정적인 영향력을 끼칠 수 있다.

사람들이 쉽게 설득당하는 이유에는 6가지 주요 원칙이 있다.

첫째, 상호성(Reciprocity)의 원칙이다. 사람들에게는 뭔가 받으면, 받은 만큼 돌려주고 싶은 심리가 존재한다. 어느 사업체 행사에서 무료 샘플이나 사은품을 무료로 제공하면 소비자는 제품을 구매할 가능성이 높아진다. 스타벅스는 신제품을 출시할 때 무료 샘플을 제공하는 전략을 쓴다. 고객들은 무료 샘플을 받으면 심리적으로 갚아야 되는 보답의 마음이 생겨서 이후 해당 제품이 유료로 전환되어도 구매할 가능성은 커지게 된다. 이 전략을 통해 스타벅스는 신제품 초기 판매율을 끌어올렸다.

둘째, 일관성(Commitment & Consistency)의 원칙이다. 사람들은 한번 약속을 하거나, 선택을 하면 그것을 유지하려는 경향이 있다. 작은 요청을 먼저 수락하게 한 후, 좀 더 큰 요청을 하면 사람들은 거절하기 어렵다. 이것을 문전 걸치기 기법이라 한다. 테슬라는 전기차 모델을 출시할 때, 완제품이 나오기 전에 일정 금액의 예치금을 받는 사전 예약 제도를 운영했다. 소액이라도 예약금을 지불한 고객은 심리적으로 구매를 지속하려는 경향이 생기게 된다. 이 방법을 통해 테슬라는 마케팅 비용을 줄이면서 대량의 선주문을 받아 안정적인 사업 자금을 조달할 수 있었다.

셋째, 사회적 증거(Social Proof)의 원칙이다. 사람에게는 다른 사람들이 하는 행동 패턴을 따라 하고자 하는 경향이 있다. 일종의 군중심리이자 집단지성을 이용하고자 하는 마음이다. 사람들은 물건을 구매할 때 "많은 사람이 사용하는 제품"이라는 광고 문구에 혹한다. 아마존과 쿠팡은 고객들의 리뷰와 별점 시스템을 이용해 소비자들의 신뢰를 구축했다. 제품 구매 전 다른 사람들이 남긴 리뷰를 보면, 제품에 대한 신뢰도가 올라가고 구매율이 증가한다. 통계적으로 소비자의 약 80% 이상이 제품의 리뷰를 참고하여 제품의 구매 결정을 하며 아마존은 이를 통해 글로벌 최대 전자상거래 기업으로 우뚝 섰다.

넷째, 호감(Liking)의 원칙이다. 사람들은 호감을 느끼는 사람의 요청을 쉽게 수락하는 경향이 있다. 친절한 영업사원이나 유명인의 추천이 효과적인 이유가 여기에 있다. 친절한 영업사원들은 낯선 잠재고객들과의 벽을 허무는 작업을 제일 먼저 시작한다. 이때 선물을 준다거나 해서 상호성의 원칙을 같이 사용한다. 인플루언서인 카일리 제너는 수백 명의 자신의 인스타그램 팔로워들에게 직접 화장품을 홍보하며 '카일리 코스메틱스'라는 브랜드를 론칭했다. 그녀의 팬들은 호감을 기반으로 제품을 구매했고, 첫 제품 출시 후, 단 6분 만에 전량 매진되는 기록을 세웠다. 이렇듯, 소비자들은 자신이 좋아하는 인물의 추천을 신뢰하는 경향이 있으며, 이를 적극 활용한 그녀는 빠른 부를 축적했다.

다섯째, 희소성(Scarcity)의 원칙이다. 사람들은 희귀하거나 한정된 것에 더 큰 가치를 두는 경향이 있다. 홈쇼핑이나 인터넷 광고 등에서 '한정 수량' 또는 '마지막 기회'라는 마케팅 문구를 본 적이 있을 것이다. 나이키, 루이비통, 롤렉스 등의 명품 브랜드는 '한정판' 제품을 출시해 소비자들의 구매 욕구를 극대화한다. 소비자들은 희소성이 강조되면, 그 제품을 더 높은 가치를 가진 것으로 인식하고 구매를 안 하면 뭔가 손해인 듯 생각되어 구매를 서두르게 된다.

'설득의 심리학'을 실생활과 비즈니스에 적용하면 부와 성공 가능성이 높아진다. 이런 설득의 원칙을 단순한 심리 이론으로만 여길 것이 아니라, 실제로 부와 성공을 이루는 데 강력한 도구로 사용할 수 있다. 기업뿐만 아니라 개인도 일상생활과 직업의 현장에서 협상이나 세일즈, 자기 PR 등에 이를 적용한다면 원하는 결과를 더 효과적으로 얻을 수 있다.

스타트업 창업자들이나 새로 창업하는 자영업자들은 네이버, 인스타그램 등을 활용하여 고객들의 리뷰나 후기 등과 같은 사회적 증거를 잘 활용하면 고객들의 신뢰를 빠르게 구축할 수 있다. 프리랜서들은 권위 있는 전문가들의 브랜딩을 강화하면 더 높은 가격을 받을 수 있다. 또한, 협상 시에는 일관성의 원칙을 활용해 작은 약속부터 이끌어 내는 전략을 사용한다면 원하는 결과를 얻을 수 있다. 이처럼 《설득의 심리학》은 단순한 사회 심리학 이론을 넘어, 실질적인 부와 성공 전략으로 활용될 수 있다.

성공은 클루지의 한계를 인정하면서부터 시작된다
《클루지》, 개리 마커스

📖 징검다리 독서

 개리 마커스는 이 책 《클루지(Kludge)》에서 인간의 뇌가 불완전하고 비효율적인 이유를 진화적 관점에서 설명하고 있다. 책 제목이기도 한 '클루지(Kludge)'는 원래 공학에서 쓰던 용어로, '임시방편적인 해결책'을 뜻한다. 다시 말해, 어떤 시스템이 처음부터 논리적이나 합리적으로 설계된 것이 아니라, 여러 요소가 즉흥적으로 덧붙여진 경우를 뜻한다. 저자는 인간의 뇌가 완벽하게 설계된 것이 아니라, 진화의 과정에서 덧붙여지고, 쌓이고 수정되면서 현재의 형태가 되었다고 말한다. 이러한 이유 때문에 인간은 종종 비합리적인 결정을 내리고, 기억 오류를 범하며, 감정적으로 반응하게 된다는 것이다.

💡 부와 성공으로 가는 생각

이 책은 《역행자》의 저자, 자청이 사람이 어떻게 잘못된 판단을 내리는지, 왜 인간은 오류투성이인지를 깨닫고, 제대로 된 의사결정을 해서 사업에 성공한 경험을 공유하면서 다시 인기를 끈 책이다. 자청은 이 책을 읽고 중요한 결정에서 실수를 줄이면서 사업과 인간관계가 잘 풀리기 시작했고, 연봉 10억의 사업가로 거듭났다고 얘기한다.

"나는 《클루지》를 읽은 뒤 의사결정을 할 때마다 '이건 심리적 오류가 아닐까?' 항상 생각하게 되었고, 남들의 실수를 볼 때면 '저건 클루지야' 생각하며 판단력을 고쳐 나갔다. 그래서인지 그 후로는 중요한 결정에서 실수하는 경우가 드물어졌고 사업과 인간관계가 잘 풀리기 시작했다. 고칼로리 음식 앞에서 침이 고여도 '이건 내 오래된 유전자의 장난이야'라고 생각하며 참았고, 사업상 입은 작은 손해는 아낌없이 제때에 손절할 수 있었다."

- 자청, 《역행자》 중에서

한계를 지닌 인간의 뇌

인간의 뇌가 완벽하게 설계되지 않고, 그냥 덧붙여지고 쌓인 것이라는 생각은 '인간은 합리적이고 논리적인 동물이다'라는 아리스토텔레스의 이상적 의미와는 상반된다. 사람들은 자신을 합리적이고 논리적인 존재로 믿는다. 하지만, 우리 인간의 뇌는 진화적 산물이기 때문에 실제로 여러 가지 한계를 가지고 있다. 예를 들어, 인간의 기억 한계를 생각해 보자. 인간의 기억은 컴퓨터의 저장 장치처럼 정확하게 저장되지 않는다. 입력된 정보는 지속적으로 덮어씌워지고, 왜곡되며, 상황에 따라 다르게 회상된다. 아침에 출근할 때 아파트 주차장에 내려가 '간밤에 차를 어디다 주차해 뒀더라?'하고 차를 찾아다닌 경험이 한 번쯤은 있을 것이다. 또는 차 열쇠나 리모컨, 핸드폰을 찾아다닌 기억은? 인간의 뇌는 컴퓨터 저장 장치처럼 정확하게 저장되지 않는다. 이런 특징은 생존에는 유리했을지는 모르지만, 현대 사회에서는 오히려 실수를 유발할 가능성이 크다. 그렇다면, '어떻게 하면 인간이 뇌의 한계를 극복할 수 있을까?' 우리는 현대의 인공지능(AI) 기술을 통해 인간의 기억력을 보완할 방법을 연구해 볼 수 있다. 혹은 더 나은 의사결정을 위해 늘 논리적 사고를 강화하는 훈련도 해야 할 필요가 있을 것이다.

마커스, 카너먼, 탈러

마커스의 주장은 노벨 경제학상 수상자인 행동경제학자 대니얼 카너먼의 연구와 맞닿아 있다. 카너먼은 그의 저서 《생각에 관한 생각(Thinking, Fast and Slow)》에서 인간의 사고체계가 크게 두 가지로 나뉜다고 말한다. 시스템 1과 시스템 2. 시스템 1은 직관적이고 감정적인 인간의 사고방식을 말하는데, 이것은 빠르지만 오류가 많은 특성을 가진다. 그에 반해 시스템 2는 논리적이고 분석적인 인간의 사고방식이다. 이것은 느리지만 정확하다. 마커스가 말하는 '클루지'의 개념은 카너먼의 시스템 1과 매우 유사하다고 말할 수 있다. 인간의 뇌는 원래 논리적인 판단을 하도록 설계된 것이 아니라, 빠른 생존 결정을 내리는 데 최적화되어 있다. 원시 사바나에서 뭔가 주위에서 부스럭 소리가 났을 때, 즉시 도망가야 살아남을 수 있었다. 소리에 대해 논리적이고 분석적으로 생각했다가는 잡아먹혔을 것이다. 이 때문에 인간은 논리보다 감정에 휘둘리고, 장기적인 것보다 단기적인 보상을 추구하는 경향이 있다.

또한 리처드 탈러의 《넛지(Nudge)》에서 말하는 '인지적 편향' 개념도 이와 연결된다. 탈러는 사람들이 완벽하게 합리적 존재가 아니라, 환경에 따라 쉽게 영향을 받는다고 주장했다. 예를 들면, 마트에서 건강한 음식을 눈높이에 배치하면 사람들이 더 건강한 선택을 하게 되는 것처럼, 인간은 무의식적으로 외부 환경에 의해 행동이 조정받을 수 있다.

클루지 극복 방안

마커스의 이론을 실생활에 적용시켜 보면, 우리가 흔히 범하는 실수들이 '클루지' 때문임을 알 수 있다.

주식투자에서 많은 사람들이 이익보다 손실을 더 크게 느끼는 '손실 회피 편향' 때문에 손실을 두려워하고 비이성적인 결정을 내린다. 예를 들어, 주가가 떨어지면 본능적으로 공포를 느끼고 손절(손해를 보고 주식을 파는 것)을 하려 한다. 하지만, 투자에서 중요한 것은 이런 공포의 감정이 아니라 데이터와 논리이다. 투자 결정을 내릴 때는 탐욕과 공포 같은 감정에 휘둘리지 않도록 사전 원칙(자신만의 투자 원칙)을 세우고, 장기적인 관점에서 행동하는 것이 중요하다.

사람들은 종종 상대방과의 관계 속에서 갈등의 상황을 기억할 때 자신에게 유리한 방식으로 기억한다. 예를 들어, 과거에 친구와 다툰 일이 있다면 당시의 객관적인 상황보다는 자신이 억울했던 부분만 떠올리게 된다. 이는 인간의 뇌가 단순한 '정보의 저장소'가 아니라, 필요에 따라 기억을 재구성하는 '스토리텔링 기계'이기 때문이다. 이런 점을 극복하기 위해서는, 인간관계에서 갈등 상황이 발생했을 때 솔직하게 '객관적인 사실'을 다시 돌아보는 연습이 필요하다. 감정적, 즉각적으로 반응하기보다는 상대방의 입장을 다시 생각해 보는 것이 나의 소중한 인연일지도 모르는 사람을 놓치지 않는 비결이다.

우리는 흔히 운동, 공부, 건강 관리 등에 관해 장기적인 목표를 세우지만, 당장 눈앞의 즐거움(게임, 유튜브, 맛있는 음식)의 유혹을 이기지 못하는 경우가 많다. 이것은 인간의 뇌가 즉각적인 보상에 반응하도록 진화했기 때문이다. 이를 극복하기 위한 방법은 보다 장기적인 습관을 만들기 위해, 목표를 '즉각적인 보상'과 연결하는 방법이 필요하다. 예를 들어, 운동 후에 자신에게 작은 보상을 하거나(맛있는 음료나 간식), 학습을 게임과 연결하는 등의 방식을 써 보는 것이 효과적일 수 있다.

A를 위해서 B를 포기하라

　개리 마커스가 주장하는 대로, 인간의 뇌는 완벽하지 않다. 하지만, 중요한 것은 이러한 인간의 한계를 인식하고 보완하는 방법을 찾는 것이다. 우리의 기억이 완벽하지 않다는 사실을 인지하고, 중요한 정보는 꼭 메모나 기록으로 남겨 놓는 습관을 들여야 한다. 그리고 의사결정을 내릴 때는 감정적으로 내릴 것이 아니라 논리적 근거에 기반해 행동하는 연습이 필요하며, 인간관계에서 감정적 반응보다 객관적인 시각을 가지도록 노력해야 한다. 결국, '나는 왜 이렇게 실수를 많이 할까?'가 아니라, '내 뇌는 본래 이렇게 작동한다'라는 사실을 받아들이는 것이 우선되어야 한다. 인간의 뇌는 클루지처럼 불완전하지만, 이를 보완할 방법을 찾는 것이 우리가 할 수 있는 최선의 선택이 될 수 있다.

　그리스 신화에서 세이렌의 유혹에 맞서 자신의 몸을 돛대에 꽁꽁 묶은 오디세우스처럼 목숨을 건지기 위해서는 자신의 몸을 묶는 고통과 아픔쯤은 견뎌야 한다. 그래야 생존할 수 있다. A를 위해서 B는 포기해야 한다. 한 달에 일정 부분의 현금을 떼서 저축한다거나 적립식으로 우량주나 배당주에 투자한다는 것은 경제학자들이 봤을 때는 기회비용을 날리는 어리석은 행위가 될 수도 있다. 내 눈앞에 있는 현실(단기적 선택)은 실질적이지만, 멀리 있는 미래(장기적 선택)는 추상적이다. 인간은 손에 잡히는 단기적 현실, 지금의 보상을 선택하기 일쑤다. 내 생각이 비합리적일 수 있다.

인생은 선택과 의사결정의 연속이다.
클루지의 한계를 인정하라.
우리는 우리가 모른다는 것을 모른다.

성장은 위대한 스승과의 만남을 통해 이루어진다
《일생에 한 번은 고수를 만나라》, 한근태

📖 징검다리 독서

 이 책은 일생에 한 번이라도 '고수(高手)'를 만나야 하는 이유와 그 만남이 가져오는 변화를 다룬다. 저자 한근태는 경영 컨설턴트로서 수많은 리더들과 전문가들을 만나면서, 평범한 사람과 고수의 차이점을 관찰했다. 이 책은 단순히 성공하는 법을 알려 주는 것이 아니라, 진정한 고수는 어떤 사람이며, 어떻게 그들과 관계를 맺고 무엇을 배울 것인가에 대해 진지하고 명쾌하게 이야기한다.
 책의 구성은 1장 '고수로 가는 길', 2장 '고수, 그들의 방식', 3장 '고수의 자기관리'로 구성되어 있다. 각 장은 15~17편의 교훈적인 글로 구성되어 있으며, 여러 분야 고수들의 소개와 그들의 철학과 신념에 관해 전해 준다. 또한, 그들이 어떻게 고수의 자리에 오르게 되었는가에 대한 깊이 있는 감동과 통찰을 선사한다.
 처음부터 고수인 사람은 없다. 선택과 집중이다. 어떤 환경에서 무슨 일을 하는가도 중요하지만, 어떤 사람을 만나는지도 중요하다. 고수들의 정신이 팽팽히 서려 있는 글들을 통해 여러분들도 고수의 길로 같이 가시길 바란다.

부와 성공으로 가는 생각

우리가 삶에서 고수를 만나야 하는 이유

　이 책을 타고 흐르는 고수의 핵심 개념과 원칙을 살펴보면 다음과 같다.

　첫째, 고수는 평범한 사람이 아니라는 것이다. 고수는 단순히 실력만 뛰어난 사람이 아니다. 자신만의 원칙과 태도를 가진 사람이다. 이들은 새로운 것을 배우길 좋아하고, 자신을 단련하길 좋아하고, 문제를 만났을 때는 독창적인 방식으로 문제를 해결한다. 이를 위해 고수들은 독서와 운동을 필수적으로 한다.

　둘째, 고수를 만나야 진정한 배움을 얻을 수 있다. 배움과 변화를 위해 책을 읽거나 강의를 듣는 것도 중요하지만, 직접 고수와의 만남을 통해 체험하는 것이 더 강력한 배움이 된다. 왜냐하면 고수는 말이 아닌 '행동'으로 가르치기 때문이다. 자기가 하고 싶은 분야의 고수를 주위에서부터 먼저 찾는 적극적 시각을 길러야 한다.

　셋째, 고수와의 관계를 맺는 법을 깨달아야 한다. 고수 앞에서는 겸손한 태도로 항상 배우고자 하는 자세를 지녀야 한다. 고수는 단순히 만나고 싶다고 만날 수 있는 것이 아니다. 스스로 성장하며 고수가 인정할 만한 사람이 되어야 한다. 채사장의《우리는 언젠가 만난다》라는 책을 읽으며, 나는 이런 생각을 했다.

　'분야가 다르더라도 자신의 일을 진정 사랑하고 노력해 높은 수준

에 오른 사람들은 산의 정상에서 언젠가 만나게 되어 있다.'

넷째, 고수와 일반인은 차이점이 있다. 고수는 작은 디테일 하나까지도 신경 쓰며, 자신이 하는 일에 철학을 가지고 있다. 끊임없이 개선하고, 남들이 보지 못하는 부분까지 본다.

나는 이 책에서 가장 중요한 메시지가 **'성장은 혼자서 하는 것이 아니라, 위대한 스승과의 만남을 통해 이루어진다'**라는 점이라고 생각했다. 우리의 삶에서 진정한 성장을 이루기 위해서는 배움의 방향성을 잡아 줄 고수(멘토)가 필요하다. 홀로 시행착오를 겪으며 성장하는 것도 의미가 있지만, 고수의 경험과 통찰을 통해 더 빠르게 성장할 수 있는 것이다.

나는 미국 유학 시절 'Chuck Flores'라고 하는 재즈 드러머 교수님을 만났다. 그는 평생 재즈 드럼을 연주한 베테랑 고수로, 60대 중반이 넘은 나이 때문에 거동이 조금 불편하셔서 평소 걸을 때는 절뚝거리며 걸으셨지만, 드럼에만 앉으면 날아다니시는 모습을 보고 많은 걸 느꼈다. 하루는 강의가 있어 서둘러 걸어가다, 한 강의실 유리문으로 그분의 연습을 하시는 모습을 보고, 그만 눈물을 흘리고 말았다. 내가 눈물을 흘린 이유는 이제 사실 날이 얼마 안 남으셔서 조금 쉬어도 되실 텐데, 음악인의 끈을 놓지 않고 성실히 루틴을 지켜 나가시는 모습을 보고 '과연 고수시다. 정말 그 자세를 배우고 싶다'라는 생각을 했기 때문이다. 그리고 한국에서는 평생 음악으로 먹고살기가 녹록지 않은데, 그래도 음악인으로서 살고자 선택했던 나의 미국 유학의 선택과 시도가 그분의 삶을 통해 뭔가 보상받는 듯했고, 큰 배움을 얻은 듯했으며, 그래서 그분을 보며 내 인생의 항로에 용기와 확고한 방향성을 더욱 가지게 되었다. 지금은 하늘나라로 가셨지만, 그분의 모습은 늘 눈에 선하다.

고수로 가기 위한 길, 몰입

이 책을 읽다가 나는 고수들의 큰 특징 중 하나가 바로 '몰입(Flow)'이라는 생각을 했다. 고수가 되기 위한 수단으로 몰입이 필수적이라는 것이다. 미국 시카고 대학의 교수이자 '몰입이론'의 창시자로 유명한 '미하이 칙센트미하이'는 몰입이란 자기가 하는 활동에 완전히 빠져드는 상태이며, 시간도 자아도 잊을 정도로 집중하는 상태라고 정의했다.

고수는 바로 이 몰입의 상태에 자주, 그리고 깊이 도달할 수 있는 사람인 것이다. 운동선수 고수가 루틴을 반복하며 자신과의 싸움에 몰입하는 상태, 악기 연주자가 연습 중 '내가 연주를 하는 것인지, 음악이 나를 움직이는 것인지' 모를 정도로 깊이 빠져드는 느낌. 이런 것들이 바로 몰입의 상태이다. 즉, 고수는 '몰입 상태'에 머무는 사람이다.

또 한 가지 중요한 점은 몰입은 실력과 과제의 수준이 적절하게 맞아야 발생한다는 것이다. 초보자는 쉽거나 너무 어려운 일을 하기 쉽고, 그 결과 지루함이나 불안을 느껴 몰입하기가 힘들다. 반면, 고수는 자기 실력을 정확히 파악해 거기에 딱 맞는 난이도의 도전을 스스로 설계하거나 찾아낸다. 실력과 과제 난이도의 균형을 잘 맞출 줄 아는 것이다(가장 중요한 부분이며, 이것은 메타 인지력과 연관된다). 그래서 지속적인 몰입을 유도하고 자신의 기술과 경험을 확장한다.

또, 고수는 몰입을 통해 자신만의 철학과 방법론을 만든다. 몰입은 단순한 집중 상태를 넘어 개인의 창의성과 통찰을 강화하는 과정이다. 고수는 반복 숙달이 아니라, 몰입을 통해 자기만의 방식과 철학을 확립한다. 요리의 고수는 레시피를 뛰어넘는 '감각적 판단력'을 가지고, 운동 고수는 자세나 리듬의 '본질'을 파악하게 되고, 비즈니스의 고수는 숫자 너머의 흐름을 읽어 내는 통찰력을 가진다. 이것은 단순히 자신의 일을 오래했다고 만들어지는 게 아니라, 몰입이라는 집중된 경험을 반복했기에 얻어지는 깨달음이라 할 수 있다.

고수는 '몰입의 구조'를 이해하고 유지하는 사람이다. 몰입은 외부 자극이 아니다. 내면에서 동기를 얻고 그 과정을 즐기는 상태이다. 고수는 이 몰입의 과정을 경험적으로 알고 있다. 우선 목표가 명확하고, 피드백이 즉각적으로 오며, 과제에 점점 빠져드는 방식이 몰입의 과정이다. 그래서 고수는 '몰입하기 좋은 환경'을 스스로 만들고 유지할 줄 안다. 이건 단순한 재능이 아니라, 몰입의 경험을 의식적으로 반복하며 키워 온 결과물이라 할 수 있다.

고수처럼 몰입하기 위한 연결점을 정리해 보면 다음과 같다.

첫째, 작은 목표를 정하고, 자신에게 적절한 난이도로 설정하라. 너무 쉬워도, 너무 어려워도 몰입을 방해한다.

둘째, 즉각적인 피드백 루트를 만들어라. 운동 후 기록을 정리하고, 글쓰기 후 바로 누군가에게 피드백을 받는다. 자기 스스로 피드백을 하는 것도 괜찮지만, 자신에게 정확하게 주기적으로 피드백을 해 줄 수 있는 해당 분야의 멘토(고수)를 찾는 것이 매우 중요하다.

셋째, 몰입을 방해하는 요소를 줄여라. 독서나 글쓰기를 할 때는 핸드폰 알림을 반드시 꺼 두고, 명상을 통해 머리를 맑게 해 잡생각을 줄인다. 그리고 수면을 충분히 하고 매일 운동을 함으로써 피로를 줄이는 것이 몰입하는 데 도움이 된다.

이렇듯, 고수가 되는 길은 몰입의 훈련을 어떻게 일상화하느냐에 달려 있다 해도 과언이 아니다.

혼자 성장하는 것보다 좋은 스승을 만나 배울 때 우린 더 빠르게 성장할 수 있다. 직장, 취미, 인간관계, 돈 관리 등 모든 분야에서 '고수'를 찾고 배울 기회를 만들어라. 자신의 주위에서부터 적극적으로 찾되, 해당 분야의 고수가 쓴 책을 몰입해 탐독하는 것도 좋은 방법이다. 무조건 고수를 만나려 하기보다, 먼저 그들의 행동과 사고방식을 연구하고 따라 해 보자. 나만의 '고수 리스트'를 만들어 보는 것도 좋은 방법이라 생각한다. 이 원칙들을 일상에서 실천하면, 누구나 지금보다 더 나은 삶을 만들어 갈 수 있을 거라 확신한다.

현대의 다빈치, 미래의 잡스가 되기 위해, 완벽주의보다는 탐색주의로

《폴리매스》, 와카스 아메드

📖 **징검다리 독서**

와카스 아메드의 《폴리매스》는 단일 전문성 시대를 넘어 다양한 분야를 넘나드는 사람들, 즉 폴리매스(polymath)의 중요성과 가능성을 조명하는 책이다.

현대 사회는 '전문가'를 선호하지만, 역사적으로 위대한 인물들은 다양한 분야에 능통한 폴리매스였다. 폴리매스는 단순히 '잡다한 지식인'이 아니라 서로 다른 분야 간 연결고리를 찾고 창조적인 통찰을 만들어 내는 사람들을 일컫는다. 산업화 이후의 분업화는 인간의 잠재력을 제한했지만, 21세기는 다시 폴리매스적인 사고를 요구하고 있다.

역사적으로 폴리매스적 인물들에는 레오나르도 다빈치, 갈릴레이, 벤자민 프랭클린 등이 있다. 현대 교육과 직업 시스템은 전문성을 강조함으로써 깊이는 얻었지만, 한 분야에만 집중하도록 유도해 창의성과 융합적 사고를 억제했다. 디지털 시대는 정보의 장벽이 낮아져 다양한 분야에 대한 접근이 쉬워졌고, 따라서 융합형 인재가 더욱 필요해졌다. 폴리매스가 되기 위해서는 다방면에 관심을 갖고, 다양한 분야 간의 연결성을 찾기 위해 노력하며, 그런 학습을 위한 환경을 만들고 실천하는 행동이 필요하다.

부와 성공으로 가는 생각

T자형 인재, 폴리매스

 이 책은 단일 분야의 전문가로 살아가는 것이 얼마나 리스크가 크며 취약할 수 있는지를 경고한다. 특히, AI와 로봇, 자동화가 급속도로 발전하고 있는 시대에는 단순 지식이나 한 가지 기술만으로는 경쟁력을 갖기 어렵다. 나는 폴리매스를 "T자형 인재" 개념과 연결 지어 생각해 보았다. 지금은 한 분야에 깊이를 가지고 있으면서도 여러 분야를 가로지르는 폭넓은 이해를 지닌 인재, 즉 'T자형 인재'의 능력이 중요한 시대이다. 폴리매스는 이 'T자형 인재'의 극대화된 형태이다. 책에서 반복적으로 나오는 메시지는 '폴리매스는 특이한 사람이 아니라, 인간의 원래 가지고 있던 모습'이라는 것이다. 아이들이 다양한 분야에 호기심을 보이는 걸 보면, 이 말에 깊이 공감하게 될 것이다.

현대 폴리매스적 인물인 스티브 잡스

 앞에 언급했듯이, 이 책에서는 역사 속 폴리매스적인 인물로 레오나르도 다빈치, 갈릴레이, 벤자민 프랭클린 등이 소개되어 있다. 그럼 현대에는 어떠한 폴리매스적 인물들이 있는지 생각해 보자. 많은 인물들이 있겠지만, 나는 그에 합당한 인물로 애플의 창시자인 '스티브 잡스'를 꼽고 싶다. 잡스는 컴퓨터 공학뿐만 아니라 예술, 인문학, 역사 등 다양한 분야에 능통했고, 그것들을 연결해 혁신적인 제품을 만들었다. 와카스 아메드는 폴리매스를 전문성을 강조한 사회 시스템의 희생자로 묘사했지만, 잡스는 사회 시스템을 뚫고 자신의 길을 만든 사례라는 점에서 위대하고 배울 점이 많은 인물이다.

1984년, IBM은 딱딱하고 기능 중심의 컴퓨터를 내놓았다. 잡스는 이에 대응해 '아름답고 사용하기 쉬운' 컴퓨터를 만들겠다고 선언하고, 기술자들과 디자이너, 캘리그래피 전문가, 심지어는 철학과 예술 전공자들과의 협업까지 시도했다. 그 결과 세계 최초로 GUI(그래픽 유저 인터페이스)와 마우스를 도입한 대중용 컴퓨터 매킨토시(Macintosh)를 탄생시켰다. 여기에는 컴퓨터 공학, 미학, 캘리그래피, 인간 중심 철학 등의 폴리매스적 요소가 두루 담겨 있다.

잡스는 대학을 자퇴했다. 하지만 그 후에도 흥미 있는 수업을 청강했는데 그중 하나가 캘리그래피 수업이었다. 이 경험을 바탕으로 잡스는 매킨토시 컴퓨터를 다양한 글꼴과 아름다운 타이포그래피(글자를 의미하는 그리스어 'typo'와 글이나 그림의 형식, 이미지 표현 기술법을 의미하는 graphy를 결합한 것으로 글자를 사용한 디자인 예술을 의미)를 지원한 최초의 컴퓨터로 만들어 냈다. 당시 다른 컴퓨터는 모두 고정된 글꼴을 사용했는데, 잡스는 이를 통해 '기술에 아름다움을 불어넣었다'는 평가를 받게 되었다. 여기에는 글꼴 미학(예술/디자인), 기술 응용, 인간 감성의 이해의 폴리매스적 요소가 담겨 있다.

다들 한 번쯤 애플 스토어에 가 본 경험이 있을 것이다. 잡스는 애플 스토어를 단순히 제품을 파는 매장이 아니라 '경험'을 파는 공간으로 만들고자 했다. 이를 위해 건축가, 디자이너, 심리학자들과 협업해 조명, 유리 구조, 진열 방식, 직원 응대 방식까지 하나하나 설계했다. 이로 인해 애플 스토어는 매장 이상의 문화 공간으로 자리 잡았고, 소비자 경험을 '예술화'했다는 평가를 받았다. 여기엔 건축, 미학, 소비 심리, 브랜딩 전략 등의 폴리매스적 요소가 녹아 있다.

또 하나의 잡스의 통합적 사고의 결정판으로 평가받을 수 있는 것이 바로 '아이폰'인데, 아이폰은 전화, 인터넷, 음악 플레이어 기능을 한 기기에 통합했다. 그리고 버튼을 없애고 터치스크린 방식으로 인간 중심, 사용자 중심의 설계로 혁신했다. 또한 앱스토어를 통해 개발자, 사용자, 기업이 연결되는 플랫폼을 구축하기에 이르렀다. 이 아이폰 혁신에는 기술 융합, 인간 공학, 콘텐츠 비즈니스, 디자인 철학의 폴리매스적 요소가 담겨 있다.

이렇듯 수많은 혁신을 이루어 낸 스티브 잡스는 단순히 여러 분야를 알았던 것으로 그친 게 아니라, 그것들을 연결해서 새로운 의미를 만들어 내는 방식으로 사고했다. 그는 현대적 전문화의 시스템을 부수고 자신의 방식으로 통합적 사고를 실현한 폴리매스라고 볼 수 있다.

폴리매스가 되는 노력의 방법

그렇다면, 레오나르도 다빈치, 갈릴레이, 벤자민 플랭클린, 스티브 잡스 등과 같은 폴리매스적인 사람이 되기 위해서는 어떤 노력을 해야 할까? 우선, 전통적인 직무의 경로만 따르지 말고, '사이드 프로젝트'나 '취미'를 진지하게 탐구해 볼 필요가 있다. 올림픽 메달리스트들도 처음에는 생활체육에서부터 시작되었다. 또한, 마케팅 전문가라면 심리학이나 디자인 등을 병행해 보다 창의적이고 독창적인 캠페인을 만들 수 있을 것이다. 자신이 아는 것에서만 아이디어를 내지 마라(그래서 폭넓은 독서가 필수이다). 다음으로, 자신의 관심 분야를 쭉 나열해 보고, 그 사이에 연결고리를 생각해 보는 연습을 지속적으로 한다. 예를 들자면, '음악과 수학의 공통점은 무엇일까?', '철학과 경제학이 만나는 지점은?' 같은 질문을 던져 보고 고민해 본다. 그리고 한 가지 일에만 100%의 시간을 투자하지 말고, 80%는 자신의 전문적 영역에, 20%는 자신이 호기심을 갖고 있는 영역과 탐험해 보고 싶은 영역에 투자해 본다. '호기심 예산'을 편성해 매달 일정 금액을 사용해 보는 것도 폴리매스로 가는 노력의 일환이 될 수 있다. 우리 자녀들이 살아갈 세상은 언제 직업이 없어질지도 모르는 사회가 연출될 수 있다. 초등학교 때부터 중학교, 고등학교, 대학까지 열심히 공부해 대기업에 취업하더라도 한번 줄을 잘못 타면 AI나 로봇, 자동화 시스템 등에 밀려 생계를 위협받을 수도 있다. 이 때문에 어려서부터 아이들에게 다양한 경험을 해 볼 수 있도록 권하고, 실패를 허용하며 탐색적 학습을 격려하는 유연함의 힘을 가져야 한다. 어릴 때부터 미술, 스포츠, 논술, 코딩 등 여러 분야를 체험해 볼 수 있도록 하는 것이 좋다. "한 가지만 잘하면 먹고산다.", "한 가지 기술을 가져라.", "공부 열심히 해서, 좋은 직장에 들어가야 한다.", "공직에 들어가면, 평생 연금 받고 살아갈 수 있다." 등의 말은 이제 너무나 위험한 말이 되어 버렸다. 95% 수준의 한 가지 전문 직업보다 60~70% 수준의 세 가지 이상의 사이드 프로젝트를 가지도록 노력해야 한다. "T자형 인재"가 되도록 노력해야 한다는 것이다.

《폴리매스(Polymath)》는 단순한 자기계발서가 아니다. **인간이 원래 지녔던 본성적 능력을 회복하자는 철학적인 선언**이다. 산업화 시대의 분업에 맞춰 살아왔던 우리에게 "잊고 있었던 인간의 가능성"을 일깨워 주는 고마운 책이다. 이제부터라도 다양한 분야를 넘나드는 통합형 사고를 늘 훈련하고, 실천으로 옮긴다면 **'현대의 다빈치'**, **'미래의 잡스'**가 될 수 있다고 믿는다.

잘 말하는 사람이 아니라, 깊게 말하는 사람이 되어야 한다

《비울수록 사람을 더 채우는 말 그릇》, 김윤나

> 📖 **징검다리 독서**

　이 책은 단순한 말하기 기술서가 아니라, 자기 인식과 진정성 있는 소통을 위한 내면 성장서이다. 저자는 "말은 그 사람의 그릇의 크기에 좌우된다."라는 전제하에, 말하기 능력은 기술적인 것이 아니라 자기 성찰과 성장의 결과치라고 말한다.

　사람의 말에는 그 사람의 감정과 경험, 생각, 가치관 등이 담긴다. 말실수를 하거나, 말을 하고 난 후에 후회하는 것은 대부분 자기 자신을 제대로 인식하지 못한 데에 기인한다. 그래서 내가 왜 그렇게 말했는지, 어떤 감정 상태에서 그런 말을 했는지를 인지하고, 자신의 부끄러움, 질투, 분노의 감정도 민감하게 인정하고 수용할 수 있어야 감정을 정리하고 의도를 명확히 해서 말에 담아낼 수 있는 것이다. 공격적 말은 상대를 위축시키고, 비난하는 말은 사람을 죽인다. 반면에 공감과 요청의 말은 사람 간의 관계에 긍정적 영향을 미치고, 사람을 살린다. 같은 말이라도 '말 그릇'이 클 때 더 진심이 전달되고 영향력을 발휘하게 되는 것이다.

부와 성공으로 가는 생각

《비울수록 사람을 더 채우는 말 그릇》은 대화법에 관련된 책이기보다 자기 성찰을 위한 심리 치유서에 가깝다고 느꼈다. 특히 인상 깊었던 점은 '말을 다듬기보다 내면을 다듬어야 한다'는 것이다. 내면의 그릇을 키워야 말 그릇도 커진다. 사람이 말을 내뱉고 난 뒤, 후회하는 이유는 대부분 단어 선택의 문제가 아니라, 자신의 감정 상태를 인지하지 못했기 때문이라는 부분에 깊이 공감했다. 어떤 상황에서 '부정적인 감정은 가지면 안 돼'라고 무조건 거부하는 것이 아니라, '그 감정도 나의 일부분'이라는 점을 솔직히 인정할 때 말에 품격이 생긴다는 메시지는 매우 성숙되고 실용적인 것이다.

철학자 비트겐슈타인과 김윤나 작가
비트겐슈타인 철학의 현실적 응용, 《말 그릇》

독일의 철학자 비트겐슈타인은 자신의 《논리-철학 논고》에서 "내 언어의 한계는 내 세계의 한계다."라고 말했다. 비트겐슈타인의 이 철학과 김윤나 저자의 이 책은 철학과 실용서라는 장르의 차이는 있지만, 언어가 곧 세계를 구성한다는 점과 내면과 언어의 깊은 연결성을 다루고 있다는 점에서는 본질적인 공통점을 가지고 있다고 생각한다. 이 두 관점을 연결하여 분석해 보면 다음과 같다.

비트겐슈타인의 이 명제의 의미는 인간은 자신의 언어를 통해 세계를 이해하고 표현한다는 것이다. 따라서 내가 표현할 수 없는 것은 이해할 수도, 사고할 수도 없는 세계라는 뜻이다. 다시 말해, 내가 이해하고 사고할 수 있어야 정확히 표현할 수 있다는 말이다. 곧, 내가 사용할 수 있는 언어의 폭이 곧 내 인식의 한계라는 것이다.

더불어, 김윤나 작가는 '말은 단지 기술이 아니라 내면의 반영'이라고 말한다. 말의 수준은 곧 그 사람의 감정 인식의 정도, 내면의 성숙도, 감당할 수 있는 능력을 보여 주는데, 예를 들어 자신의 감정을 잘 인식하지 못하는 사람은 그냥 "화났어."라는 말밖에 못 하지만, 내면의 성숙도가 높은 사람은 "나는 조금 서운했어, ○○을 기대하고 있었는데 깨져서 슬펐어."처럼 감정을 좀 더 정확하고 세밀하게 표현할 수 있다.

요약해 보면, **비트겐슈타인에게 언어란 세계의 경계이고, 김윤나에게 언어란 자기 인식과 성숙의 도구**이다. 둘의 공통점은 언어가 곧 나의 세계를 결정한다는 것이고, 차이점이라고 하면 하나는 존재론적이고, 하나는 관계적·심리적 실천에 가깝다고 할 수 있다. 이 둘을 연결해 보면 **'말 그릇'은 일종의 비트겐슈타인 철학의 현실적 응용**이라고 볼 수 있겠다.

비트겐슈타인은 언어 철학자답게 철학적으로 존재와 인식의 차원에서 언어를 다뤘고, 김윤나 작가는 실용적 차원에서 관계와 감정 소통의 측면을 강조했을 뿐, 두 사람 모두 언어가 단순한 표현을 넘어 하나의 존재 방식이라고 말하고 있다. 결국, **언어는 내면과 세계**

를 확장시키는 도구이다(많은 자기계발서, 부와 성공 관련 서적의 저자들이 긍정 확언이나 천 번 말하기·쓰기 등 언어의 측면을 강조하는 이유가 바로 이 점 때문이라 생각한다).

독서와 글쓰기가 중요한 이유가 바로 여기에 있다. 언어가 상대방과의 의사소통만을 위해 존재하지는 않는다. 언어는 자신과의 대화에서도 매우 중요하며, 자신의 언어 세계의 폭과 넓이를 키우는 행위는 곧 자기 내면의 성장과 세계를 확장시키는 데 큰 역할을 수행한다. 독서와 글쓰기를 통해 자기 언어의 세계를 확장시키면, 자신과의 대화 넓이, 품격, 수준이 올라가고, 그것이 바로 김윤나 작가가 말하는 내면의 성장이 아닐까 싶다. 자기 자신과의 대화에서 말 그릇이 커지면, 다른 사람과의 대화에서도 당연히 깊고, 큰 말 그릇을 발휘하는 사람이 될 것이다.

'말 한마디로 천 냥 빚을 갚는다'라는 속담이 있다. 우리 내면을 표현하는 말의 중요성을 역설하는 속담이다. 말에는 결이 있고, 냄새도 있고, 촉감도 있다. 말은 관계와 직결되며 부와 성공과의 연관성도 깊다. 항상 화내기를 더디하고, 평상심을 유지하기 위해 힘쓰고, 자극과 반응 사이에 공간을 두도록 노력해야 내면에 공간이 생겨 말 그릇도 커지게 된다.

"잘 말하는 사람"이 아니라, "깊게 말하는 사람"이 되어야 한다. 결국 좋은 말은 내면이 건강한 사람, 세계가 넓은 사람에게서 나온다는 사실을 매 순간 되새겨야 할 것이다.

내 삶의 속도는 나에게 안녕한가?

《카모메 식당》, 무레 요코

📖 징검다리 독서

    이 책은 동명의 영화로도 제작된 소설 작품이다. 따뜻하고 잔잔한 정서로 많은 독자들에게 사랑을 받았다. 카모메는 일본어로 '갈매기'라는 뜻이다. 《카모메 식당》은 핀란드 헬싱키에 작은 일본 가정식 식당을 오픈한 여성 '사치에'를 중심으로, 그곳에 모인 다양한 사람들이 만들어 나가는 이야기이다. 줄거리는 단순하지만, 그 안에 담긴 분위기와 메시지는 풍성하고 매력적이다.

    사치에는 아무도 모르는 낯선 나라 핀란드에서 식당을 연다. 손님이 없는 날이 이어지지만, 우연히 마주친 일본인 여행자 미도리, 루트를 찾지 못하고 떠도는 마사코, 그리고 현지인 손님들과의 교류를 통해 차츰 식당은 사람들로 채워진다. 그들이 만들어 내는 소소한 사건들과 대화는 일상의 아름다움과 존재의 의미로 우리에게 다가온다.

> 💡 **부와 성공으로 가는 생각**

나를 위해 진심을 다하는 삶, 진정한 자립

《카모메 식당》은 마치 차 한 잔을 마시듯이 천천히 음미하게 되는 책이다. 이 책을 읽으면서 나는 '작지만 확실한 행복'이라는 말이 떠올랐다. 무언가를 '크게' 이루기보단 진심을 담아 하루하루 살아가는 것, 그것만으로도 충분히 아름답고 의미 있을 수 있다는 메시지가 크게 다가왔다. 특히, 인상 깊었던 것은 사치에가 고객이 없어도 정성스럽게 식사를 준비하고, 그녀의 루틴을 지키는 모습이었다. "남이 보지 않아도 나를 위한 진심을 다하는 삶." 그것이 진짜 어른의 삶이고, 진짜 자립이 아닐까 생각해 보았다.

스펙 쌓기, 자기계발, 변화, 발전, 성장, 성공, 경제적 자유, Fire(Financial Independence Retire Early, 경제적 독립 조기 은퇴) 등을 주로 외치는 세상에서 느리고 미니멀하게 자기답게 사는 것이 오래 가는 길이고, 결국 지치지 않고 빨리 가는 길이라는 것을 깨닫는다. 요즘은 가만히 있으면 불안한 세상이다. 세상일도 그렇지만, 독서에도 쉼이 필요하다. 책이 손에 잡히지 않을 때, 무슨 책을 읽어야 할지 고민이 몰려올 때가 있다. 이 책은 독서 슬럼프 시기에 나에게 쉼과 치유, 다시 나아갈 힘을 준 책이었다.

조용한 밥상 위에서, 나를 다시 만나다
- 《카모메 식당》과 〈리틀 포레스트〉를 나란히 놓고

영화 〈리틀 포레스트〉를 본 적이 있다. 이 영화는 농촌에서 자급자족하며 살아가는 주인공이 계절마다 음식을 만들어 삶을 살아가는 이야기로 카모메 식당처럼 '일상에서의 치유'를 다루고 있다. 영화 〈리틀 포레스트〉는 소박하지만, 깊은 여운을 주는 작품으로 《카모메 식당》과 닮아 있다.

주인공 혜원은 도시에서의 삶에 지쳐 고향 시골 마을로 돌아온다. 엄마가 홀연히 떠난 집에 혼자 살며, 계절마다 나는 식재료로 요리를 해 먹고, 텃밭을 가꾸며 자급자족 라이프를 시작한다. 도시처럼 빠르진 않지만, 계절의 흐름을 따라 차분히 마음을 다스리는 혜원의 모습에 서서히 녹아든다. 소중한 친구들과의 만남, 엄마와의 기억, 자신의 불안한 감정들을 천천히 되짚으며 진정한 '나'의 삶을 찾아간다.

속도를 늦춰야 들리는 삶의 소리들이 있다. 바쁘게 살다 보면 정작 내 마음의 소리를 들을 수 없다. 리틀 포레스트는 말한다.

"천천히 살아야 보이는 게 있다."

정해진 레시피가 없어도 맛있는 요리를 만들 수 있듯이, 삶에 정답이란 없다. 내 방식대로 살아갈 수 있다. 삶은 요리처럼, 내 손으로 만들어 가는 것이다. 각박한 도시 생활에 지쳐 내려온 시골에서 혜원은 자연의 순리대로 살아가며 점점 회복된다. 땅과 함께 숨 쉬는 삶은 우리를 회복시킨다.

도시의 삶이 힘들고 버거울 때, 사람들은 때로 '멀리'가 아니라, '천천히'를 취한다. 《카모메 식당》의 사치에와 〈리틀 포레스트〉의 혜원은 그 증인처럼, 아주 느리지만 단단하게 자기 삶을 다시 지어 간다. 사치에는 핀란드 헬싱키, 아무도 없는 거리 한가운데서 식당을 열고, 혜원은 도시를 떠나 고향인 시골 산골로 돌아간다. 두 사람은 다 아픔을 지닌 사람이었다. 낯선 곳에서의 시작, 그 자체가 그들에게는 치유였고, 선언이었다. "나는 더 이상 타인의 기대를 위해 살지 않겠다."라는 선언.

그들의 선택은 소란스럽지 않지만 용기 있다. 두 사람 모두 요리를 통해 회복한다. 된장국 한 그릇과 오니기리 한 덩이, 고구마 조림과 집에서 담근 간장. 종류와 재료, 레시피는 달랐지만, 어쩌면 그 음식들은 그들이 스스로에게 주는 '작은 위로'였는지도 모른다. 배가 고파서 먹는 게 아니라, 마음이 허기져서 요리하는 순간이었다. 무엇보다 인상 깊었던 것은 그들은 혼자였지만 외로워지지 않았다. 사람들과의 관계는 억지스럽지 않게 스며들듯 이어진다. 서로를 치유하거나 하지 않고, 구하지 않아도 조용히 그냥 곁에 있어 준다. 그게 이 이야기들이 보여 주는 '관계의 온도'다.

두 작품은 말한다. '더 빠르게, 더 많이'가 아니라, '더 나답게, 더 따뜻하게.' 그게 진짜 행복이라고. 가끔은 이런 질문을 해 보면 좋겠다. **내 삶의 속도는 나에게 안녕한가? 오늘 내가 만든 음식에는 나의 진심이 담겨 있었나?** 우리는 결국, 소소한 밥상 위에서 조용히 자기 자신을 다시 만난다.

세상의 아픔을 가진 자들의 편한 곳, 불편한 편의점

《불편한 편의점》, 김호연

📖 징검다리 독서

　서울의 한 작은 편의점에 노숙자 출신의 독특한 인물 '독고 씨'가 야간 직원으로 들어오면서 이야기가 시작된다. 기억을 잃었지만, 교양 있고 마음이 따뜻한 그를 통해 편의점은 단순한 상점이 아닌 사람들이 엮이며 치유가 있는 공간으로 변한다. 편의점 주인인 염 여사와 이웃들, 그리고 손님들이 가진 삶의 고단함과 각가지 사연들이 '불편한' 존재였던 독고 씨를 통해 따뜻하게 연결된다. 책의 마지막에 이르러 독고 씨의 과거가 밝혀지고, 그는 또 다른 여정을 떠난다.
　"불편함은 거리를 만들지만, 공감은 그 사이를 메운다."
　이 소설은 인간에 대한 예의를 잃지 않도록 우리에게 말을 건네는 연분홍빛의 벚꽃 같은 소설이다.

> 💡 **부와 성공으로 가는 생각**

험한 세상 다리가 되어

《불편한 편의점》은 "우리는 모두 어딘가에서 '불편한 존재'일 수 있으며, 그 불편함은 이해와 공감으로 따뜻해질 수 있다."라는 메시지를 우리에게 던져 준다. 이 책은 김호연 작가님의 문필력이 한껏 발휘된 긍정 에너지 팡! 팡! 소설책으로 읽는 내내 즐거웠고, 슬펐고, 눈물 흘렸고, 감동했다. 우리나라에도 이렇게 스토리를 잘 짜시고, 글을 잘 쓰시는 분이 계시다는 게 자랑스럽기까지 했다. 이 책은 말없이 우리 마음을 건드린다. 세상의 뒤편에 놓인 사람들인 ― 노숙자, 노인, 비정규직 ― 그들을 향한 우리의 익숙한 시선을 조용히 되돌아보게 한다. **기억은 사라졌지만, 사람을 향한 존중은 남아 있는 독고 씨는 어쩌면 우리 모두의 또 다른 자아일지 모른다.**

"나는 누군가에게 불편한 존재가 되어 본 적이 없었는가?"

그 질문을 마주한 순간, 우리는 '불편함'을 낯설고 무서운 것이 아니라, 이해와 이어짐의 시작점으로 바라볼 수 있게 된다.

편의점, 카페, 기차역, 지하철, 버스 정류장, 서점, 식당…. 우리가 무심코 스쳐 가는 장소들에는 사람의 체온과 이야기가 조용히 머물다 간다. 그 공간을 단지 소비와 이동, 만남의 장소가 아닌, 마음이 스며드는 작은 공동체로 바라볼 수 있다면 우리는 조금 더 서로를 느낄 수 있을 것이다. 누군가와 나눈 짧은 인사, 가벼운 눈인사조차 그 사람의 고단한 하루에 피어나는 공감의 씨앗이 될 수 있다. 때로는 불편한 존재처럼 느껴지는 이들이 있다. 말이 없고 거친 손을 가진 노인, 일이 서툰 직원, 낯선 거리의 노숙자. 그러나 그 불편함을 외면하기보다, 그 사람이 품고 있는 사연 하나쯤을 상상해 보자. 그리고 무엇보다 나 자신을 '불편한 존재'로 몰아붙이지 말자. 실수했을 때, 마음이 무너졌을 때, 그 순간에도 내 안에는 아직 꺼지지 않은 이야기와 가능성이 존재한다. 조금은 느리게 걸어가도 좋다. 우리는 누구나 불편함을 지나 따뜻함에 도달할 수 있는 존재이니까.

다리는 뛰어내리기 위해 있는 게 아니다. 삶이 버거워 숨고 싶을 때, 그 다리는 조금 느리게라도 건너가기 위한 공간이 된다. 《불편한 편의점》은 그런 다리 위에 놓인 작은 쉼표 같은 곳이다. 도시의 소음 속에 묻힌 외로움들이 조용히 들러, 조용히 머무르고, 조금은 다정하게 다시 걸어 나가는 곳. 그곳엔 번듯한 간판도 없고, 화려한 간판도 없다. 하지만 그곳엔 사람이 있고, 사람이 남긴 체온이 있다. 불편하다는 말은 어쩌면 '완벽하지 않아도 괜찮아'라는 다른 표현일지도 모른다. 우리는 모두 어딘가에서, 누군가에게, 불편한 존재로 머물지 모른다. 하지만, 그 불편함조차도 건너가는 다리 위의 흔들림이라면 결국은 건널 수 있다는 희망이 된다. 편의점은 단지 상품을 파는 곳이 아니라 사람 사이에 건너가는 다리가 되는 곳이고, 뛰어내리는 곳이 아니라 마음을 돌려 잠시 편히 쉬어 가는 곳이다. 《불편한 편의점》은 그 다리 위에서, 우리가 얼마나 따뜻해질 수 있는지를 소곤소곤 알려 준다. **사람을 존중할 줄 알았던 그 오래된 기**

억을 잃어버렸더라도 우리는 다시 기억해 낼 수 있다.

"Let's be the someone like the bridge over troubled water."
(험한 세상 다리가 되어 주는 누군가가 되도록 하자.)

세상의 아픔을 가진 자들의 편한 곳, 《불편한 편의점》.

인내는 참는 것이 아니라, 지금 이 순간을 진심으로 살아 내는 용기다

《원하는 것이 있다면 끝까지 버텨라》, M. J. 라이언

📖 징검다리 독서

이 책의 저자인 M. J. 라이언은 '인내(Patience)'라는 덕목의 진정한 의미와 가치를 현대인의 삶 속에서 하나하나 재조명한다. 빠르게 변화하고, 즉각적인 보상을 기대하는 현대 사회에서 인내는 종종 기회비용을 희생당하는 취약성으로 오해받기도 하지만, 실제로는 큰 성공과 성취를 이루기 위한 필수적 자질이라고 강조한다.

M. J. 라이언의《원하는 것이 있다면 끝까지 버텨라》는 단순한 자기계발서를 넘어, 현대인의 조급증을 치유하는 '마음의 기술서'로 읽힌다. 인내는 고통을 참는 것이 아니라 목적 있는 기다림, 즉 '신념을 품고 견디는 과정'이라는 점을 되새기며, 개인적인 성장과 실천으로 연결되도록 돕는다.

부와 성공으로 가는 생각

이 책이 던지는 핵심 메시지를 정리해 보면, 다음과 같다.

첫째, 인내란 단순히 기다리는 것이 아니라, 목적과 의미를 가지고 능동적으로 버티는 태도이다.

둘째, 우리는 불확실성과 지연된 보상 앞에서 조급해지고 쉽게 포기하지만, 진정한 변화와 성장을 위해서는 인내의 시간이 꼭 필수다.

셋째, 인내는 타고나는 성격이 아닌 의식적인 훈련과 습관을 통해 개발 가능한 능력이다.

넷째, 스트레스와 좌절, 불확실한 현실과 세상 속에서 마음을 다스리는 기술이 바로 인내이다.

다섯째, 인내의 힘을 키우기 위한 실용적인 방법들에는 호흡법, 명상, 자기 대화, 기대치 조절 등이 있고, 그것들을 자기만의 방식으로 실천하여 도움을 얻도록 노력한다.

인내의 진정한 의미

이 책을 덮으며 나의 마음속에 뚜렷이 각인된 문장은 바로 이것이다. "인내는 수동적인 태도가 아니라, 지금 이 순간에도 나의 미래를 위해 준비하고 있다는 신념을 가지고 기다리는 것이다." 우리가 지금껏 익숙하게 알고 있던 인내의 개념은 '참는다'거나 '견딘다'의 이미지에 가까웠다. 마치 가만히 제자리에서 폭풍우가 지나가기를 기다리는 사람처럼 말이다. 하지만 M. J. 라이언은 나에게 완전히 다른 시선을 제안했다. 그녀에게 **인내는 방향성을 가진 기다림, 신념을 지키기 위한 확고한 의지의 기다림, 다시 말해 <u>스스로를 붙들고 앞으로 나아가기 위한 능동적인 의지이다.</u>** 이 말은 단순한 위로를 넘어, 믿음을 가지고 살아가는 나에게 실제 삶에서 아주 중요한 깨달음으로 다가왔다.

우리는 의미 있는 변화와 성취를 이루기 위해 반드시 '시간'이라는 관문을 통과해야 한다. 자신의 잔에 물이 넘치도록 임계치를 넘겨야 한다는 의미다. 하지만, 그 임계치를 넘기기 위한 시간들은 언제나 불확실하고, 예측할 수 없고, 때론 우리의 예상을 빗나가기에 너무나 길게 느껴진다. 바로 그때, 우리를 흔들리지 않게 붙드는 힘이 바로 '인내'이다. 단순히 비바람이 지나가기를 기다리며 견디는 것이 아니라, 미래를 믿고 오늘을 준비하는 느긋한 마음가짐이다. 특히, 인상 깊었던 대목은 조급함은 감정의 문제가 아니라 인식의 문제라는 지적이었다. 조급한 마음은 마치 감정의 습관처럼 다가오지만, 실은 그 뿌리는 '불확실성에 대한 두려움'에 있다. 우리는 뇌의 본능 때문에 미지의 상태를 불편해하고, 그것을 빨리 끝내고자 하는 충동, 일명 '종결 욕구(need for closure)'를 가진다. 이 종결 욕구 때문에 사람들이 불확실성에 노출되면 그 상황을 타개하고자 패턴과 질서를 찾으려는 욕구가 강해진다. 그래서 고정관념으로 회귀하거나 성급한 결론을 내리기 일쑤다. 불확실한 상황에서 빨리 무언가 결정을 내려야만 안심하는 뇌의 작동방식은 조급함을 일으키는 강력한 기제이다. **미래의 나와 얼마나 긴밀히 연결되어 있는가에 따라 지금 내가 느끼는 인내의 강도와 지속성도 달라진다.** 퓨처 셀프(Future-Self)와의 연결이 강할수록, 우리는 기다림의 이유를 뚜렷이 인식할 수 있고, 현재의 만족을 기꺼이 유예(만족 지연)할 수 있다. 결국, 인내란 단순한 시간의 문제나 조급하거나 느긋한 성격의 문제가 아니라, 내가 어떤 삶을 그리고 있는가, 그리고 그 삶을 이해하고, 오늘 나는 무엇을 선택하고 있는가에 대한 철학적 질문이었다.

이 책은 그런 점에서 단지 '참아라'라고 말하지 않는다. 오히려 인내를 통해 자기 삶의 리듬을 회복하고, 조급함에 휩쓸리지 않는 존재로서의 중심을 되찾으라고 조용히 권유한다. 이 책을 읽고 나면, 더 이상 인내가 수동적이고 답답한 덕목으로 느껴지지 않는다. 오히려 그것은 **자신의 미래를 설계하고자 하는 사람만이 가질 수 있는 능동적 태도이며, 어쩌면 이 빠른 세상에서 가장 품격 있는 저항**이기도 하다. 이 책은 내게 말해 주었다. 삶이란 빠르게 이루는 것보다, 끝까지 믿고 기다릴 수 있는 용기에서 더 깊어지는 것이라고…. 그 조용한 힘이야말로, 언젠가 내가 바라는 미래를 현실로 바꾸는 단 하나의 열쇠일지도 모른다.

인내는 기다림이 아니라, 지금 이 순간을 살아 내는 용기다
인내 = 카르페 디엠

책을 읽다 보면, 어떤 문장은 나의 머리를 사정없이 탁! 때리며, 삶을 통째로 다시 들여다보게 만든다(나는 이것을 뼈 때리는 문장이라고 말하고 싶다). M. J. 라이언의 《원하는 것이 있다면 끝까지 버텨라》를 읽으며 그런 순간을 맞았다. 나는 오랫동안 인내를 '버티는 것'이라고 생각해 왔다. 마치 힘겨운 고비를 참아 내는 고행처럼 말이다. 그래서 인내는 늘 피곤하고, 고통스러웠다. 참을수록 뭔가 나를 깎아 먹는 기분이 들곤 했다. 그런데 이 책은 전혀 다른 이야기를 한다. 인내는 멈춤이 아니라, 삶을 향해 나아가는 또 다른 이름이라는 것이다. 그리고 그 통찰은 로먼 크르즈나릭의 책 《인생은 짧다 카르페 디엠》과 만나면서 더 깊어졌다. 로먼 크르즈나릭은 이 책에서 "지금 이 순간을 살아 내라."라고 말한다. 미래의 성공도, 어제의 실패도 아닌, 지금 눈앞에 있는 하루에 몰입하라고. 나는 문득 깨달았다. 그렇다. 진정한 인내는 버티는 게 아니라, 하루를 성실히 살아 내는 것이다.

나는 요즘 《부와 성공으로 가는 징검다리 독서》라는 이름으로 책을 쓰기 위해 읽고, 정리하고, 그것을 삶에 적용해 보려 애쓰고 있다. 대단한 깨달음을 얻으려는 것도 아니고, 모든 책을 명저처럼 다루려는 것도 아니다. 그저 하루하루 책 한 권의 한 구절이라도 마음에 담고, 지금 내 삶과 책에 어떻게 녹여 낼 수 있을지를 고민한다. 그 시간은 때로 지루하고, 어떤 날은 아무 성과도 느껴지지 않는다. 하지만 돌이켜 보면, 바로 그 '하루의 성실함'이 내 안에 조용히 뿌리내리고 있었다. M. J. 라이언은 말한다. 인내는 마음의 기술이며, 꾸준한 선택의 결과라고. 나는 이 말을 독서와 글쓰기에 대입한다. 책 한 권을 끝까지 읽는 것도 인내이고, 정리하고 쓰는 것도 인내이며, 그걸 생활에 연결해 보려 애쓰는 과정은 더더욱 인내다. 이 모든 시간은 겉으로 보기엔 아무 변화도 없어 보이지만, 마치 땅속의 씨앗처럼 보이지 않는 성장을 준비하고 있는 시간이었다. 그걸 알게 되자, '인내'가 더 이상 고통스럽지 않게 느껴졌다. 오히려 이 순간, 내가 지금 이 자리를 지키고 있다는 사실 자체가 위로가 되었다. 읽고, 정리하고, 나누는 이 조용한 반복 속에서, 나는 조금씩 내 삶의 근육을 단단하게 만들고 있는 것이다. 그래서 이제는 말하고 싶다. **인내는 참는 것이 아니라, 지금 이 순간을 진심으로 살아 내는 용기라고. 누군가 알아주지 않아도 괜찮다. 당장 결과가 보이지 않아도 괜찮다. 우리는 하루하루를 꾸준히 살아 내는 그 자체로, 가장 아름다운 인내를 실천하고 있으니까.**

나는 오늘도 바다 앞에 서 있다

《모든 삶은 흐른다》, 로랑스 드빌레르

📖 징검다리 독서

철학책이 이렇게 아름답게 표현될 수 있다니…. 이 책은 인간의 감정에 대한 깊은 이해와 실용적인 통찰을 제공하는 심리학에 근간을 둔 에세이 서적으로, 감정이 삶을 어떻게 움직이는지를 설명한다. 로랑스 드빌레르(Laurence Devilliairs)는 철학자이자 프랑스 파리 가톨릭 대학교의 교수이다. 이 책에서 저자는 인간 삶의 본질이 바다와 같이 '흐름'에 있다는 철학적인 통찰을 바탕으로 감정을 억누르거나 제거하는 것이 아닌 '흐르게 하되 다스리는 법'에 대해 이야기한다. 감정은 삶을 해치는 장애물이 아니라, 삶을 밀고 나가게 하는 원동력이 된다. 슬픔, 분노, 기쁨, 질투 같은 감정들이 어떻게 우리를 움직이는지를 설명하며, 이 감정들이 곧 삶을 살아가게 하는 원동력임을 강조한다.

부와 성공으로 가는 생각

이 책이 주는 핵심적 메시지를 정리하면 다음과 같다.

첫째, 감정은 제거 대상이 아니다. 감정은 인간 삶의 본질이며, 이를 억제하거나 부정하는 태도는 오히려 더 큰 왜곡을 초래한다. 진정한 자기통제란 감정을 없애는 것이 아니라, 자신의 감정을 정확히 인식하고 받아들이고 건강하게 흐르게 하는 것이다.

둘째, 삶은 고정된 것이 아니라 흐르는 것이다. 인간은 불확실성과 변화 속에서 살아간다. 삶의 본질은 '흐름'이며, 정체되는 것을 거부하고, 유연하게 대응할 수 있어야 진정한 성장을 이룬다.

셋째, 감정은 생각과 연결되어 있다. 감정은 순간적인 반응이 아니라, 우리의 신념과 판단이 개입된 결과다. 따라서 감정을 다스리기 위해서는 자신의 사고방식을 들여다보는 작업이 필수적이다.

넷째, 기쁨은 감정의 정점이 아니라, 선택의 결과다. 기쁨은 외부 조건에 의해 주어지는 것이 아니라, 내면의 수용과 해석을 통해 창조하는 감정이다.

감정은 바다와 같이 흐른다

감정은 억누를 대상이 아니라, 흐르게 둘 대상이다. 《모든 삶은 흐른다》에서 로랑스 드빌레르는 인간의 감정이 억제되어야 할 것이 아니라, 이해되고 받아들여져야 할 것임을 반복해서 얘기한다. 실생활에서 이를 적용하는 가장 좋은 방법은 감정을 억누르지 않고 '있는 그대로' 바라보는 연습에서 시작된다. 예를 들면, 분노가 차오를 때 우리는 흔히 그 감정을 눌러 없애거나 회피하려 한다. 하지만, 그 순간에 잠시 멈춰 서서 '왜 내가 지금 이 감정을 느끼는가?'라고 스스로에게 물어보는 것만으로도 감정은 흐르기 시작한다. 억누르지 말고, 글로 써 보거나 누군가에게 조용히 설명하는 것만으로도 감정은 통제의 대상이 아닌 '흐름'이 된다.

삶이 계획에서 어긋나게 전개되거나, 예상치 못한 변화가 닥쳤을 때도 마찬가지이다. 과거의 경험, 기준과 비교하며 저항하기보다는, '지금 이 흐름 속에서 내가 선택할 수 있는 것은 무엇인가?'를 자문하는 태도가 중요하다. 우리는 자주 계획을 고수하려 하고, 흐름에 맞서 싸우려 한다. 내가 조정할 수 없는 부분까지 조정하려 든다. 그러나 진짜 유연성은 파도의 흐름에 맞서는 것이 아니라, 그 흐름을 타고 함께 움직이는 데서 생긴다.

가족 관계에서도 이 흐름은 유효하다. 아이가 울거나 분노할 때, "그만해."라고 억제하는 것이 아니라, "그럴 수도 있지, 괜찮아."라고 말하는 태도는 단순한 위로가 아니라, 아이의 존재를 그대로 인정해 주는 방식이며, 감정의 흐름을 멈추지 않게 하는 따뜻한 수용이다. 이런 순간들은 가르침이나 그 어떤 훈계보다 더 깊은 관계를 만든다. 또한, 매일 밤 하루를 정리하면서 그날 느꼈던 주요한 감정들 중에서 세 가지 정도를 노트에 써 보는 것도 좋다. 감정을 분석하지 않고도 그 흐름을 자연스럽게 받아들이는 데 큰 도움이 된다. 분석보다 중요한 것은 기록이고, 판단보다 중요한 것은 관찰이다. 감정의 패턴은 억지로 파악하려 할 때가 아니라, 충분히 흘려보낼 때 자연스럽게 드러난다.

계획도, 관계도, 선택도 완벽하게 통제할 수 없기에 우리는 흘러야 하고, 흘려야 한다. 억누르기보다 바라보고, 밀어내기보다 흘려보내라. 그것이 우리가 조금 더 가볍고 건강하게 살아갈 수 있는 방향일지 모른다.

나는 오늘도 바다 앞에 서 있다

철학책이 이렇게 아름다울 수 있을까? "삶의 지표가 필요한 당신에게 바다가 건네는 말"이라는 책의 부제처럼, 저자의 아름다운 글과 문장을 빌려 바다가 우리에게 삶의 철학을 지루하지 않게 전한다. 책장을 넘기며 나는 자주 멈췄고, 문장과 문장 사이에서 파도처럼 밀려오는 고요하고 때로는 세찬 감동에 젖었다. 《모든 삶은 흐른다》는 철학을 말하지만, 결코 무겁지 않다. 오히려 그 문장들은 마치 해변의 바람처럼 가볍고, 수평선처럼 깊으며, 삶을 바다에 비유하며 우리의 내면을 천천히 흔든다.

삶은 바람과 같다. 보이지 않지만 언제나 존재하고, 느껴지는 대로 살아 숨 쉬는 어떤 흐름이다. 강해서 흔들리는 날도 있고, 선선해서 상쾌한 날도 있고, 무풍이어서 지루한 날도 있다. 우리는 자주 바람을 이기려 들고, 방향을 제어하려 애쓰지만, 바람은 우리 뜻대로 되어 주지 않는다. 그러나 바람을 읽고 돛을 조절하는 것은 우리가 할 수 있는 일이다. 우리의 감정도, 일상의 흐름도, 그저 부는 대로 두고 우리는 다만 그것과 조율하며 살아가는 것이다.

삶은 밀물과 썰물처럼 다가왔다가 물러난다. 감정도 관계도, 성공도 실패도 끊임없이 밀려왔다 빠져나가며 우리를 바꾼다. 어떤 날은 희망이 가득 찬 마음으로 세상을 품다가도, 어떤 날은 또 텅 빈 해변처럼 고요한 허무 앞에 선다. 하지만, 바다는 언제나 그 자리에 있다. 드러나고 감추기를 반복하는 그 움직임 속에서, 우리는 어쩌면 '지금'이라는 순간의 귀중함을 배워야 한다. 썰물이라 해서 삶이 끝난 것이 아니고, 밀물이라 해서 영원히 풍요롭지도 않다. 이 또한 지나간다.

파도는 말할 필요도 없이 우리의 인생 그 자체다. 반복되는 일상 속에서도 결코 같은 파도는 없듯이 매일의 삶은 비슷해 보이긴 해도 전혀 다른 얼굴을 한다. 때로는 작고 조용하게, 때로는 크고 거세게 밀려오는 그 파도 속에서 우리는 균형을 잃기도 하고 다시 일어서기도 한다. 중요한 점은 파도를 없애는 것이 아니라, 파도에 휩쓸리지 않으며 그 흐름을 타는 법을 배우는 것이다. 이 책은 철학적이지만 설교하지 않는다. 오히려 수많은 질문을 건넨다.

"흐름을 거스르며 소모되는 에너지를 왜 아직도 붙들고 있는가?"
"변화는 피해야 할 것이 아니라 받아들여야 할 생의 일부가 아닌가?"

소로의 오두막, 드빌레르의 바다
나는 깨닫는 중이다

헨리 데이비드 소로는 《월든》에서 도시를 벗어나 월든 호숫가 자연에서 고요히 자족하는 삶을 택했다. 그는 외부 세계의 소음에서 벗어나 자신만의 삶의 속도와 리듬을 되찾기 위해 숲속 오두막으로 향했다. 누군가는 그를 도피자라 비웃었지만, 그가 보여 준 삶은 회피가 아닌 진정한 회복의 시도였다. 그는 삶을 곱씹었고, 자연의 순리 속에서 스스로 만족하며 진정한 자유를 마주했다. 매일을 성실하게 살아 내는 법을 배웠고, 지금 자신이 있는 월든 호숫가를 충분히 음미하는 법을 그곳에서 배웠다.

  소로의 오두막과 드빌레르의 바다는 서로 다른 시대에 놓여 있지만, 둘 다 같은 이야기를 들려준다. "삶은 흐른다. 당신은 그 흐름을 따라가고 있는가, 아니면 거슬러 허우적대고 있는가." 나는 이제야 조금씩 알아 가는 중이다. 가만히 눈을 감고 지금의 나를 뚜렷이 바라보는 연습을 하고 있는 중이다. 어떤 감정이 떠오르든 어떤 불안감이 몰려오든 그것을 판단하지 않고 흘려보내는 연습을 하는 중이다. 세상은 바쁘게 돌아가지만, 나의 삶은 꼭 그 속도에 맞춰야 할 이유가 없다는 걸 알아채고 있는 중이다. 소로처럼, 드빌레르처럼, 조용히 나만의 리듬을 지켜 나가는 삶이 더 귀하다는 걸 깨닫는 중이다.

  삶은 물처럼 흐른다. 억지로 움켜쥐려 하면 흘러가고, 손을 펴 받아들이면 그 감촉이 남는다. 그리하여 나는 오늘도 연습한다. 멈추지 않고. 조급하지 않게. 조용히. 그러나 분명하게. 나의 삶을 살아가는 법을 연습한다. 나는 오늘도 바다 앞에 서 있다.

회복과 치유가 충만한 한국이 되길

《풍요중독사회》, 김태형

📖 징검다리 독서

　한국인의 정신 건강과 사회구조를 깊이 분석해 온 사회심리학자인 저자는 오늘날 한국인의 삶을 '위계질서라는 피라미드 구조 속에서 탈출구를 찾지 못한 채, 끊임없이 경쟁하고 올라가려 애쓰는 고통스러운 여정'이라고 묘사한다. 《풍요중독사회》는 이러한 끝없는 경쟁 구도와 사회적 서열 속에서, 불안이라는 감정에 시달리면서 그 불안을 잊기 위해 소비와 풍요에 집착하게 된 개인과 사회의 심리적 문제를 비판적으로 다루는 책이다.

　저자는 오늘날 우리가 살아가는 사회를 갈등과 분열, 혐오가 만연된 '병든 풍요사회'로 진단한다. 그 이면에는 정신적 불균형, 인간관계의 파괴, 그리고 극심한 심리적 압박감이 자리 잡고 있다는 것이다.

　이 책은 단지 문제를 지적하는 데만 그치지 않고, 물질적 만족과 정신적 안정이 조화를 이루는 새로운 사회 모델, 즉 '풍요롭고도 화목한 사회'를 제안한다. 지금은 우리가 각자 비인간적인 경쟁에서 벗어나 자율성과 존엄성을 회복하고, 심리적 건강을 우선시하는 삶의 방식을 고민해야 할 때라 말한다. 그래야 한국에도 미래가 있다.

> 💡 **부와 성공으로 가는 생각**

저자는 사회를 네 가지로 구분하여 분석했다.

첫째, 가난-불화사회는 한 개밖에 없는 사과를 서로 차지하려고 싸우는 사회이다.

둘째, 가난-화목사회는 사과 한 개라도 나누어 먹는 사회이다.

셋째, 풍요-불화사회는 먹을 것은 넘쳐 나는데, 극소수가 그것을 독차지해 남은 것을 가지고 여러 사람이 서로 싸우는 사회이다.

넷째, 풍요-화목사회는 먹을 것이 풍족하며 그것을 사이좋게 나누어 먹는 사회이다.

풍요불화사회의 늪에 빠진 한국

지금 한국 사회는 위 4가지 사회 중 어디에 가까울까? 나는 우리나라가 풍요-불화사회에 가깝다고 생각한다. 1%에 불과한 극소수의 부자가 99%의 사람들보다 2배가 넘는 부를 독점하고 있다. 이 원인은 여러 가지가 있겠지만, 유신 독재정치 시절 국가 주도의 경제 정책과 재벌 위주 경제 성장 정책에 그 원인이 있다고 생각한다. 《이솝 우화》에 등장하는 '양의 탈을 쓰고 변장한 늑대'처럼, 대부분 풍요-불화사회는 민주주의라는 외피를 쓰고 있다. '당신이 가난한 이유는 당신이 게을러 공부를 덜 해서이고, 당신의 노력이 부족해서다'라는 인식이 만연되어 있다. 그럼으로써, 사람들은 온갖 스펙 쌓기에 혈안이 되었고, 중·고등학교도 졸업하기 힘들었던 우리 부모님 세대와 달리, 대학은 기본학력이 되었으며, 석박사 출신의 사람들도 직업을 못 구해 잉여 인간 취급을 받으며, 남아도는 세상이다. 많은 사람이 비교와 존중 불안을 느끼며, 자기계발의 늪에 빠져 평생을 자신의 모자람을 채우기 위해 살아간다.

핵가족이 일반화된 한국 사회에서, 가족을 먹여 살려야 하는 가장들은 자신이 돈을 벌지 못하면 아내와 아이들이 길거리로 내몰려야 한다는 심한 압박감 속에, 회사나 사회에서 엄습해 오는 위계에 의한 학대와 갑질에 쉽게 대응하지 못한다. 한 가족의 가장인 자신의 존엄을 지키기 위해 대응이라도 하면, 가족들의 생계는 위험에 빠지게 된다. 이런 일련의 반복된 현실 속에서 우리나라 가장들의 마음은 병이 든다. 마음에 병이 든 가장은 가족들을 괴롭히는 경우가 많다. 권위주의자란 강자에게는 약하고, 약자에게는 강한 사람이다. 갑질을 당한 사람은 자신의 화를 풀 대상이 필요하고, 자주 갑질을 당한 사람은 권위주의자가 될 확률이 높아진다. 권위주의와 나르시시즘으로 병든 마음이 모든 가족들을 병들게 하는 것이다. 가정이 그러면, 학교는? 사회는? 국가는? 그 결과는 안 봐도 뻔하다.

'삶이 풍요로운 것 같은데, 왜 살기는 힘들어질까?'라는 답을 조금 제시해 주는 것 같다. 지금의 한국은 위계화, 계층화, 존중 불안, 비교 불안이 만연된 민주주의 외피를 쓰고 있는 풍요불화 사회이다. 자유롭지만, 자유롭지 않다. 낮은 수준의 자유(원하는 핸드폰을 맘대로 살 수 있는 자유)는 맘껏 누릴 수는 있지만, 높은 수준의 자유

(누군가에게 구속당하지 않고, 학대당하지 않는 자유)는 구속, 좌절 당하고 있다. 지금 현대 사회는 이전 근대사회의 정권 특히, 유신 정권 시대와 달리 재벌의 힘(경제권력)이 정치권력보다 힘이 더 강한 사회다. 그들은 돈과 힘, 권력을 움켜쥐고 있다. 그래서 거의 모든 언론, 교육, 문화를 지배하고 있다. 그들은 움켜쥐고 있는 것을 쉬이 나누지 않을 것이다. 왜냐하면 평범한 사람들의 실패는 2~3층과 같이 저층에서 떨어지는 충격이지만, 부자들의 실패는 100~200층과 같이 고층에서 떨어지는 것과 같기 때문이다. 그로 인해 부익부, 빈익빈은 더 커질 것이다. 그럼 자연히 비교 불안과 존중 불안도 더 커진다.

그러니 우리는 독서와 실천, 앎을 통해 알아 가야 한다. 불안의 근원을. 불안과 비교를 부추기는 사회에서 살아남으려면 그것을 알고, 대비해야 한다. 공포라는 놈은 한 방의 큰 동작의 어퍼컷과 같아 피할 수 있지만, 불안이란 놈은 상대방이 지속적으로 뻗어 내는 잽과 같아 서서히 우리를 무너뜨린다. 경쟁과 비교를 극대화시키는 사회. 1%의 부자들이 99% 국민들의 2배 이상의 부를 가지고 있는 나라. 우리가 이렇게 힘들게 사는 건 우리의 문제가 아니라, 사회 구조의 문제라고 생각한다.

"생존을 위한 경쟁은 실제로는 성공을 위한 경쟁을 의미한다. 사람들이 두려워하는 이유는 내일 아침거리에 대한 걱정 때문이 아니라, 자신의 이웃보다 더 잘살지 못하는 것에 대한 불안 때문이다."

- 영국의 철학자, 버트런드 러셀

부디, 절벽 아래에서 떨어지는 사람들을 기다리는 사회에서
회복과 치유가 충만한 풍요-화목사회가 되길

　사람들은 살다가 몇 번은 인생의 절벽을 마주한다. 열심히 공부하여 들어간 직장에서 30대 초반에 권고사직을 제안받는다. 큰 꿈을 품고 시작한 사업체가 코로나19로 손님이 뚝 끊겨 문을 닫아야 한다. 기대를 품고 지원한 입사 시험에서 높은 경쟁률로 인해 번번이 낙방한다. 이제 아이들도 취업하고 쉴 만한 나이가 되었는데 갑자기 큰 병에 걸린다. 오랜 기간 결혼을 약속하고 만난 애인에게서 미래가 불투명하다며, 이별을 통보받는다. 우연히 본 유튜브 채널에서 권유받은 주식에 투자했다가 사업자금을 날렸다. 평생 번 돈과 대출금을 합쳐 구입한 아파트가 전세 사기를 당해 경매에 넘어갔다 등등.

　이렇게 국민들이 절벽으로 몰려갈 때, 우리나라는 아래 사회들 중에서 어떤 사회에 해당될까? 절벽 아래에서 구급차를 대기시키고 기다리는 사회, 절벽 중간에 그물을 쳐서 혹여 떨어질지도 모르는 사람들을 구하려는 사회, 절벽 위에 안전바라도 설치하고 있는 사회, 애초에 절벽으로 사람들이 몰려가지 않게 회복·치유시키는 사회.

　"지금 한국은 절벽 아래에 구급차를 대기시키고 기다리는 사회"이다. 미리 안전줄을 설치해 예방하거나, 중간에 그물을 쳐 놓고 다치지 않게 하거나, 미리 절벽으로 오지 못하도록 회복시키고 치유하는 사회가 아닌 떨어져 다치면, 그때 구급차가 싣고 간다. 그러나 우리가 해야 할 일은 사람들이 절벽으로 몰려가지 않는 사회를 만드는 것이다.

　대한민국의 저력은 단지 '빠른 성장'이 아닌, 위기 속에서도 방향을 찾고, 서로 밀어주며, 새로운 문화와 가치를 창출해 내는 '집단지성의 힘'에 있다고 생각한다. 성인 10명 중 6명이 1년에 한 권의 책도 읽지 않는 나라의 미래는 불투명하다. 독서를 통해 국민의 앎의 수준이 올라가는 나라, 갈등 조장과 흑백 논리보다는 건전한 견제가 피어나는 나라, 비교보다 존중의 힘이 샘솟는 나라, 그냥 스침보다는 따스한 관심이 존재하는 나라, **부디 회복과 치유가 충만한 풍요-화목사회인 우리나라가 되길 기도해 본다.**

"21세기는 인류가 먼 옛날부터 간절히 꿈꿔왔던 이상사회인 '풍요-화목사회'로 나아가는 역사적인 분기점이 되어야만 한다."

- 김태형, 《풍요중독사회》 중에서

생각 속의 생각

학창 시절, 모두 한번쯤은 "매슬로우(Maslow)의 욕구 5단계설"에 대해 들어 봤을 것이다. 제일 하단의 생리적 욕구를 시작으로, 안전의 욕구, 애정과 소속의 욕구, 존중의 욕구, 그리고 최상위 단계를 자아실현의 욕구로 배웠다. 하지만, 우린 그가 자아실현의 욕구 위에 "자기 초월적 욕구"를 말했다는 사실은 잘 알지 못한다. 즉, 인간에게는 자신의 이익을 뛰어넘어 타인에게 선한 영향력을 끼치고 싶은 욕구가 존재한다는 것이다. 개그맨이자 작가인 고명환 님의 "아침 긍정확언" 채널 영상에 리처드 로어의 《위쪽으로 떨어지다》라는 책의 문장이 소개되었다. **"위대한 사람은 섬김을 받으려 온 사람이 아니라, 섬기려 온 사람이다."** 그렇다. 자신만의 행복과 이익을 위해 사는 삶이 아니라, 내 이웃과 세상을 섬기려는 위대한 마음을 가질 때 우린 진정으로 위대한 마음이 충만한 삶을 살 수 있다. 이 마음은 한편으로 극도의 이기주의적 마음이라 할 수 있는데, 이런 마음을 '이기적 이타주의'라고 한다. 위대한 이기적 이타주의의 마음을 가지고 살아간다면, 우리는 인생에서 진정으로 행복한 선순환의 비밀을 맛볼 수 있을 것이다.

이 책에서 언급한 책

이해성, 《1등의 독서법》, 미다스북스, 2016.

스티브 매그니스, 《강인함의 힘》, 상상스퀘어, 2024.

폴 칼라니티, 《숨결이 바람 될 때》, 흐름출판, 2016.

이케이도 준, 《한자와 나오키 1: 당한 만큼 갚아 준다》, 인플루엔셜, 2019.

이케이도 준, 《한자와 나오키 2: 복수는 버티는 자의 것이다》, 인플루엔셜, 2019.

이케이도 준, 《한자와 나오키 3: 잃어버린 세대의 역습》, 인플루엔셜, 2019.

이케이도 준, 《한자와 나오키 4: 이카로스 최후의 도약》, 인플루엔셜, 2020.

채사장, 《지적 대화를 위한 넓고 얕은 지식 1》, 웨일북, 2020.

채사장, 《지적 대화를 위한 넓고 얕은 지식 2》, 웨일북, 2020.

김진명, 《직지: 아모르 마네트 1》, 쌤앤파커스, 2019.

김진명, 《직지: 아모르 마네트 2》, 쌤앤파커스, 2022.

박서련, 《체공녀 강주룡》, 한겨레출판사, 2020.

이케이도 준, 《루스벨트 게임》, 인플루엔셜, 2020.

그리어 핸드릭스 & 세라 페카넨, 《익명의 소녀》, 인플루엔셜, 2019.

박완서, 《나의 아름다운 이웃》, 작가정신, 2019.

김범, 《할매가 돌아왔다》, 다산책방, 2019.

조성기, 《사도의 8일: 생각할수록 애련한》, 한길사, 2020.

베르나르 베르베르, 《죽음》, 열린책들, 2019.

심윤경, 《설이》, 한겨레출판사, 2019.

박연선, 《여름, 어디선가 시체가》, 놀, 2016.

채사장, 《시민의 교양》, 웨일북, 2016.

김선영, 《시간을 파는 상점》, 자음과모음, 2012.

김도윤, 《유튜브 젊은 부자들》, 다산북스, 2019.

박경리, 《가을에 온 여인》, 다산책방, 2024.

최영민, 《나는 미국 월배당 ETF로 40대에 은퇴한다》, 지음미디어, 2024.

존 윌리엄스, 《스토너》, 알에이치코리아, 2020.

마이클 루셀, 《놀라움의 힘》, 상상스퀘어, 2023.

김종원, 《내 언어의 한계는 내 세계의 한계이다》, 마인드셋, 2024.

이서원, 《오십, 나는 재미있게 살기로 했다》, 나무사이, 2024.

푸수, 《당신을 소모시키는 모든 것을 차단하라》, 더페이지, 2024.

모건 하우절, 《불변의 법칙: 절대 변하지 않는 것들에 대한 23가지 이야기》, 서삼독, 2024.

허필우, 《한 번 읽은 책은 절대로 잊지 않는다》, 알에이치코리아, 2024.

보도 섀퍼, 《보도 섀퍼의 돈》, 에포케, 2011.

보도 섀퍼, 《멘탈의 연금술》, 토네이도, 2022.

박영옥(주식농부), 《주식투자 절대원칙》, 센시오, 2021.

서정덕, 《신자산가의 인생 습관》, 지와인, 2024.

필립 바구스 & 안드레아스 마르크바르트, 《왜 그들만 부자가 되는가》, 북모먼트, 2025.

조지 S. 클레이슨, 《바빌론의 부자 멘토와 꼬마 제자》, 퍼스트펭귄, 2024.

토마스 J. 스탠리 & 윌리엄 D. 댄코, 《이웃집 백만장자》, 리드리드출판, 2022.

벤저민 하디, 《퓨처 셀프》, 상상스퀘어, 2023.

로버트 치알디니, 《설득의 심리학》, 21세기북스, 2023.

개리 마커스, 《클루지》, 갤리온, 2023.

한근태, 《일생에 한번은 고수를 만나라》, 미래의창, 2023.

와카스 아메드, 《폴리매스》, 안드로메디안, 2020.

김윤나, 《비울수록 사람을 더 채우는 말 그릇》, 카시오페아, 2017.

무레 요코, 《카모메 식당》, 푸른숲, 2011.

김호연, 《불편한 편의점》, 나무옆의자, 2021.

M. J. 라이언, 《원하는 것이 있다면 끝까지 버텨라》, 시크릿하우스, 2023.

로랑스 드빌레르, 《모든 삶은 흐른다》, 피카(FIKA), 2023.

김태형, 《풍요중독사회》, 한겨례출판, 2021.